国家自然科学基金项目·管理科学与工程系列丛书

旅游经济投入产出分析

鄢慧丽 熊浩 著

国家自然科学基金项目（编号：71461006、71461007）
海南省社会科学基金项目（编号：HNSK（YB）16-6）
海南省自然科学基金项目（编号：20157263）
海南省教育厅重点基金项目（编号：Hnky2015ZD-2）

资助

科 学 出 版 社

北 京

内 容 简 介

旅游业具有促进生产发展、增加政府财税收入、增加就业、增加经济收入、扩大货币回笼等作用，并且随着国内外旅游业的发展，旅游业经济效应将逐渐释放出来。深入研究中国旅游业经济效应，正确评估旅游业对中国经济的影响，显得尤为重要。关于旅游业经济效应的研究多限于定性描述，缺少定量分析。本书在梳理旅游业经济效应相关研究的基础上，分析旅游业经济效应的相关理论，并以《2002 年中国投入产出表》和《2007 年中国投入产出表》为基础，从收入效应、就业效应和产业关联及波及效应三个方面入手分析中国旅游业经济效应。

本书适合经管类高年级的研究生，以及学者、政府和相关企业决策人员阅读参考。

图书在版编目（CIP）数据

旅游经济投入产出分析 / 鄢慧丽，熊浩著. —北京：科学出版社，2017.2
ISBN 978-7-03-051864-4

Ⅰ. ①旅⋯ Ⅱ. ①鄢⋯ ②熊⋯ Ⅲ. ①旅游经济—投入产出分析—中国 Ⅳ. ①F592

中国版本图书馆 CIP 数据核字（2017）第 034665 号

责任编辑：徐 倩 / 责任校对：李 影
责任印制：张 伟 / 封面设计：无极书装

科 学 出 版 社 出版
北京东黄城根北街 16 号
邮政编码：100717
http://www.sciencep.com

北京虎彩文化传播有限公司 印刷
科学出版社发行 各地新华书店经销
*
2017 年 2 月第 一 版 开本：720×1000 B5
2018 年 4 月第三次印刷 印张：10 1/2
字数：202 000
定价：64.00 元
（如有印装质量问题，我社负责调换）

前　　言

　　经过改革开放三十余年的迅速发展，旅游业已经在国民经济中占有重要地位，在保增长、扩内需、调结构等各个方面都扮演着越来越重要的角色。2009 年年底，《国务院关于加快发展旅游业的意见》的颁布更是进一步肯定了旅游业的重要性，特别是其中明确提出，"把旅游业培育成国民经济的战略性支柱产业和人民群众更加满意的现代服务业"，从总体上对我国旅游业有清晰的定位。这无疑是对旅游业在国民经济中地位的历史性提升。

　　旅游业具有促进生产发展、增加政府财税收入、增加就业、增加经济收入、扩大货币回笼等作用。并且随着国内外旅游业的发展，旅游业经济效应将逐渐释放出来。深入研究中国旅游业经济效应，正确评估旅游业对中国经济的影响，显得尤为重要。

　　关于旅游业经济效应的研究目前多限于定性描述，缺少定量分析。本书以《2002 年中国投入产出表》和《2007 年中国投入产出表》为基础，结合旅游业经济效应的相关理论，分析旅游业的收入效应、就业效应和产业关联及波及效应，得出以下主要结论。

　　关于旅游业的乘数测算。本书以《2002 年中国投入产出表》和《2007 年中国投入产出表》为基础，从相关产业中剥离出旅游业，测算旅游业 2002 年和 2007 年的直接产出、间接产出和诱导产出，得出 2007 年旅游业产出乘数为 3.15，即旅游业每增加 1 元的产出，将带来总产出增加 3.15 元；2007 年旅游业就业乘数为 2.15，即每产生直接旅游业就业 1 人，带来的旅游业相关行业就业人数为 2.15 人；旅游业综合就业人数占全国总就业人数的 8.38%。2002 年的旅游业产出乘数为 2.77，2002 年旅游业就业乘数是 1.77，旅游业综合就业人数占全国总就业人数的 7.83%。这表明旅游业的就业效应较为突出，对促进劳动力就业起到重要作用。

　　关于旅游业在国民经济中的地位。本书对现行的计算方法进行了修正，提出用旅游业增加值的办法来测算旅游业对国民经济的贡献度。以 2007 年为例，若用现行的方法，即旅游收入占国内生产总值（GDP）的百分之几来表示旅游业对国民经济的贡献，2007 年的旅游收入/GDP=4.39%。本书以《2007 年中国投入产出表》为基础，对旅游业直接产出进行剥离，测算旅游业 2007 年的直接产出增加值/GDP=1.99%。用传统算法计算得到的 4.39% 比用增加值测算得到的 1.99% 大了一倍以上,即传统算法夸大了旅游业对国民经济的贡献。

关于旅游业的产业关联效应。本书利用《2002 年中国投入产出表》和《2007 年中国投入产出表》提供的丰富资料进行相关测算,并得到如下结论:旅游业消耗系数大于分配系数,即旅游业的后向关联大于前向关联,说明旅游业发展对其上游产业的拉动能力较强;旅游业的影响力系数大于感应度系数,说明旅游业对整个国民经济的推动作用要大于其本身受到国民经济发展影响后的拉动作用;旅游业的中间需求率小和中间投入率大,说明在很大程度上旅游业的发展需要其他产业的产品作为中间投入的生产要素,旅游业的发展会拉动其先行产业相关部门的发展;综合关联系数比较低,说明旅游业在整个经济中的综合影响力还是比较低,但 2007 年较 2002 年排名有所上升,也说明旅游业在整个经济中的影响能力在提高。

关于旅游业的其他宏观经济效应如下:①关于消费效应。与其他行业部门相比较,2002 年度和 2007 年度旅游业的最终消费系数都处于较高水平。这说明旅游业总产出中大部分用于消费,大力发展旅游业是刺激消费需求的重要手段。②关于出口效应。旅游业的出口系数较低,说明中国的旅游业虽然对国外游客具有一定的吸引力,但是国内旅游消费占据主导地位,其系数下降表明国内旅游消费主导地位的上升。③关于投资效应。当前中国旅游业经营效果较差,投资回报率较低,且经营状况持续恶化。因此,旅游业对投资的吸引力可能在减弱,旅游业的可持续发展受到挑战。

结合以上对旅游业经济效应的分析,本书对中国旅游业经济发展中的八大问题进行了思考,包括旅游业战略性支柱产业的定位、旅游业在国民经济中的地位、国内旅游的主体地位、旅游业的发展速度、旅游业的发展乘数、旅游业对内需的拉动作用、旅游业的消费比例、旅游业对国民经济的推动。并从以上八个方面提出了对策:主动出击,加大旅游拉动内需;调整消费结构,促进旅游消费;发挥旅游业对经济的带动作用;促进旅游就业;重点发展国内旅游业;加强旅游业产业发展;加强基础设施建设。

目　　录

第 1 章 导　　论

1.1　中国旅游业经济发展现状

改革开放三十余年来，中央和地方各级政府对旅游功能和地位的认识不断深化，这些变化反映了旅游业地位和功能的变迁，体现了新时期中国各个发展阶段的时代特征。20 世纪 80 年代，旅游业是重要的创汇产业，国家发展旅游业的重点是尽快补充外汇短缺。20 世纪 90 年代，国家提出把旅游业培育成为新的经济增长点，旅游业成为扩大内需的重要手段。为克服 1993 年下半年经济过热引起的通货膨胀以及 1997 年的亚洲金融风暴，客观上必须大力发展国内旅游以扩大内需。在内外因素的共同作用下，国内旅游受到高度重视。1995 年实行双休日制度，居民闲暇时间增多，特别是 2000 年开始的黄金周，使国内旅游在假日期间出现"井喷"现象，显示了独特而强劲的内生性消费需求，与入境旅游共同成为驱动中国旅游业发展的"两个车轮"。进入 21 世纪，国际经济环境和国内经济环境发生了重大变化，国家把发展旅游业作为拉动消费和树立国际形象的重要产业。党的十七大以来，落实科学发展观和全面建设小康社会的战略举措，更加重视民生问题和生态文明建设，旅游业被定位为国民经济重要产业，进一步成为广泛涉及政治、文化、社会、生态的复合型产业。2009 年把旅游业培育成国民经济的战略性支柱产业和人民群众更加满意的现代服务业，是中国在面对新时期经济社会发展的新形势和新任务，尤其是在应对国际金融危机冲击下，针对中国旅游业在经济社会发展中的综合功能和带动作用，着眼于中国旅游业发展而做出的战略新定位。

旅游业作为一个朝阳产业，目前已被列为世界第三大产业。随着中国经济的快速发展和人民生活水平的提高，人们对旅游消费的需求也进一步提升。近几年来，中国的旅游业一直保持平稳较快增长，有力地拉动了中国国民经济的提升。经过改革开放三十余年的发展，在国际上，中国已经成为世界旅游大国，树立了鲜明的旅游目的地形象，增进了中国与世界的双向交流，扩大了中国的国际影响。在国内，形成了上下重视、多方参与的旅游发展格局，旅游业在经济建设、文化建设、社会建设以及国际交往中发挥着积极而重要的作用，成为提高国民生活质量、建设小康社会的重要内容。

2010 年，中国国内旅游总收入为 12 580 亿元，与 2009 年相比，增长 23.5%；

国内出游人数达 21.0 亿人次，比上年增长 10.6%；旅游外汇收入 458.14 亿美元，同比增长 15.47%（中华人民共和国国家旅游局，2011）。1995~2010 年（扣除 SARS 的 2003 年），国内旅游业的平均增长速度为 18.36%，高于同期国内生产总值和第三产业的增长速度。1985 年国内旅游收入占中国旅游总收入的百分比为 68.38%，2010 年则上升到 77.51%。世界旅游组织理事会预测，2020 年中国旅游就业将达到 6 889 万人，占全国总就业人口的 8.54%；2020 年世界十大旅游目的地排名中，中国将排第一，将接待入境旅游者 13 710 万人次；2020 年世界十大客源国排名中，中国将排名第四，估计出境旅游者将达到 10 000 万人次，占国际旅游市场份额的 8.6%（杨洋，2011）。中国旅游业具有如下特征。

（1）旅游产业高速增长，国内旅游发展迅猛，对国民经济的贡献不断增强。

相对于其他产业而言，旅游业的产业关联性非常强，能够较大限度地带动其相关产业的发展。另外，旅游业产业发展关联涉及面广，渗透力强，且有比较明显的创汇优势。由于旅游业的强劲发展，我国外汇储备大大增加，除了贸易顺差持续增长的因素外，旅游创汇总额也增加很快。近年来，旅游总收入一直保持高速增长趋势，在国民经济中的地位不断增强，旅游总收入相当于国内生产总值的比例逐年提高，也即旅游业在国民经济中的地位不断提高，为国家解决农村就业、贫困、提高人民生活质量、促进城乡经济发展做出重要贡献。同时，旅游业还有利于三次产业渗透合作，在国民经济三次产业结构调整中发挥着重要作用。

（2）国际旅游人数和外汇收入迅猛增长，成为重要的创汇手段。

国际社会普遍认为，旅游业是十分优秀的出口产业。作为出口产业，旅游业的优点主要包括：就地出口，主要提供服务产品；即买即卖，现汇收入，资金周转快，换汇成本低，可避开贸易壁垒。除 2003 年受 SARS 的影响及 2008 年和 2009 年受金融危机影响，外汇收入为负值外，其他年份都保持较高的增长速度。2010 年接待入境游客 13 376.22 万人次，旅游外汇收入 458.14 亿美元。旅游创汇是我国外汇收入重要组成部分。表 1.1 与图 1.1 和图 1.2 显示了 1995~2010 年我国旅游外汇收入增长情况和国际旅游发展情况。

表 1.1   1995~2010 年我国入境旅游人数和旅游外汇收入

年份	入境旅游		旅游外汇	
	人数/万人次	增长率/%	收入/亿美元	增长率/%
1995	4 638.65	—	87.33	—
1996	5 112.75	10.22	100.00	16.80
1997	5 758.79	12.64	120.74	18.37
1998	6 347.84	10.23	126.02	4.37
1999	7 279.56	14.68	140.99	11.88
2000	8 344.39	14.63	162.24	15.07
2001	8 901.29	6.67	177.92	9.66

续表

年份	入境旅游		旅游外汇	
	人数/万人次	增长率/%	收入/亿美元	增长率/%
2002	9 790.83	9.99	203.85	14.57
2003	9 166.21	−6.38	174.06	−14.61
2004	10 903.82	18.96	257.39	47.87
2005	12 029.23	10.32	292.96	13.82
2006	12 494.21	3.87	339.49	15.88
2007	13 187.33	5.55	419.19	23.48
2008	13 002.74	−1.40	408.43	−2.57
2009	12 647.59	−2.73	396.75	−2.86
2010	13 376.22	5.76	458.14	15.47

资料来源：根据《中国统计年鉴》（1996~2011 年）计算所得

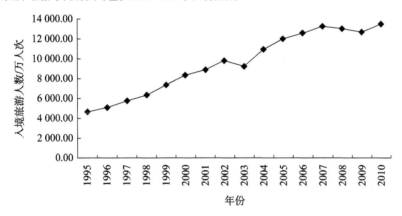

图 1.1　1995~2010 年我国入境旅游人数状况图

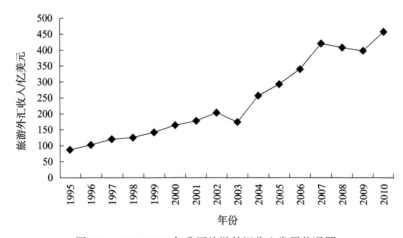

图 1.2　1995~2010 年我国旅游外汇收入发展状况图

（3）国内旅游持续稳步发展，旅游收入增长。

自 20 世纪 80 年代中期我国国内旅游开始活跃，到 90 年代得到飞速发展，特别是双休日制度和 2000 年黄金周实施以来，我国旅游业得到全面而快速的发展，出现"井喷"现象。近几年旅游业则成为广大城乡居民重要的消费领域和拉动内需的重要力量。2010 年我国国内全年旅游人次数高达 21.03 亿人次，是 1995 年（6.29 亿人次）的 3.34 倍，国内旅游收入达到 12 579 亿元，约是 1995 年（1 375.70 亿元）的 9.14 倍。大量的统计数据表明，我国国内旅游市场发展全面而迅速。表 1.2 与图 1.3 和图 1.4 显示了 1995~2010 年我国国内旅游发展情况。

表 1.2　1995~2010 年我国国内旅游人数和国内旅游收入

年份	国内旅游		国内旅游	
	人数/亿人次	增长率/%	收入/亿元	增长率/%
1995	6.29	—	1 375.70	—
1996	6.40	1.75	1 638.38	19.09
1997	6.44	0.63	2 112.70	28.95
1998	6.95	7.92	2 391.18	13.18
1999	7.19	3.45	2 831.92	18.43
2000	7.44	3.48	3 175.32	12.13
2001	7.84	5.38	3 522.36	10.92
2002	8.78	11.99	3 878.36	10.11
2003	8.70	−0.91	3 442.27	−11.24
2004	11.02	26.67	4 710.71	36.85
2005	12.12	9.98	5 285.86	12.21
2006	13.94	15.02	6 229.74	17.86
2007	16.10	15.49	7 770.62	24.73
2008	17.12	6.34	8 749.30	12.59
2009	19.02	11.10	10 183.69	16.39
2010	21.03	10.57	12 579.77	23.53

资料来源：根据《中国统计年鉴》（1996~2011 年）计算所得

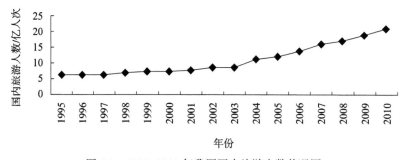

图 1.3　1995~2010 年我国国内旅游人数状况图

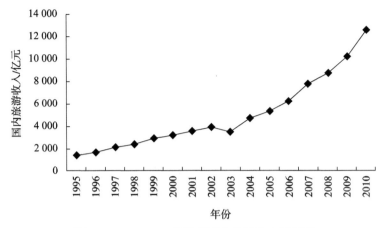

图 1.4　1995~2010 年我国国内旅游收入状况图

（4）旅游发展进入新时期，出境游不断升级。

1990 年我国开办中国公民出国探亲旅游，1991 年第一个出国探亲旅游团队成行。1995 年我国出境游人数为 713.90 万人次，到了 2010 年我国出境游人数高达 5 738.65 万人次，2010 年的出境旅游人数是 1995 年的 8 倍，并且 1995~2010 年出境游的人数年平均增长速率高达 30%。1995~2010 年我国公民出境游发展情况如表 1.3 和图 1.5 所示。

表 1.3　1995~2010 年我国出境游情况一览表

年份	出境人数/万人次	增长率/%	年份	出境人数/万人次	增长率/%
1995	713.90	—	2003	2 022.19	21.80
1996	758.82	6.29	2004	2 885.00	42.67
1997	817.54	7.74	2005	3 102.63	7.54
1998	842.56	3.06	2006	3 452.36	11.27
1999	923.24	9.58	2007	4 095.40	18.63
2000	1 047.26	13.43	2008	4 584.44	11.94
2001	1 213.44	15.87	2009	4 765.62	3.95
2002	1 660.23	36.82	2010	5 738.65	20.42

资料来源：根据《中国统计年鉴》（1996~2011 年）计算所得

在国民经济中，旅游业具有促进生产发展、增加政府财税收入、增加就业、增加经济收入、扩大货币回笼等作用。并且随着国内外旅游业的发展，旅游业经济效应将逐渐释放出来。旅游业经济效应的研究已经成为学术界研究的热点，学术界也从不同的角度对旅游业经济影响进行了广泛而系统的研究。

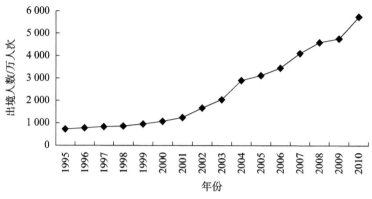

图 1.5   1995~2010 年我国出境旅游人数状况图

1.2   旅游业经济效应研究进展

旅游业经济效应是旅游活动对目的地经济总量的影响,是当前国内外旅游经济学界研究的热点问题之一。关于这些方法的理论与实践研究有以下发展。

1.2.1   国内外旅游业经济效应研究进展

1899 年,意大利国家统计局局长博迪奥发表了名为《在意大利的外国旅游者的流动及其花费》的论文,分析了旅游者在意大利的花费,认为旅游者的消费对经济发展有着重要的作用,揭开了现代旅游业经济效应研究的序幕。1927 年,意大利学者马里奥蒂的《旅游经济讲义》,第一次对旅游经济进行了系统化研究,认为旅游的本质是经济现象,内容包括旅游状况、旅游统计、旅游接待业及旅游中心等问题。1935 年,德国柏林大学葛留克斯曼在《旅游总论》中专门论述和强调了旅游对经济发展的作用。随着旅游业的发展,旅游活动在世界范围内的扩展,欧美的一些经济学者和旅游学者开始注重旅游业经济效应的研究,使旅游业影响的研究涉及多个层面,其内容主要包括经济、文化、环境、社会等多个方面。由于各国(区域)发展旅游业主要是出于发展经济的目的,因此一直以来,对旅游业经济影响的研究是旅游业影响研究的焦点。

1. 国外旅游业经济效应研究进展

1845 年,英国人托马斯·库克创办了世界上第一家旅行社——托马斯·库克旅行社,它标志着近代旅游业的诞生,但是人们对旅游现象的研究,是在 19 世纪 70 年代之后,随着欧美地区游客流量的增加,在目的地逗留时间和经济支出大幅度增长的背景下展开的。因此对旅游业经济效应的研究也率先在欧美地区开始。

从时间进程来看，对旅游业经济效应的研究大致分为如下三个阶段。

1）第一阶段——19世纪70年代到20世纪60年代的理论研究阶段

1899年，意大利国家统计局博迪奥发表了论文《外国人在意大利的移动及其花费》，这是目前可以追溯到的最早的旅游业经济效应研究文献。第一次世界大战结束后，欧洲参战各国急于恢复和发展受到战争创伤的经济，纷纷瞩目于日益增长的北美游客可以带来大量美元的旅游活动。1923年和1926年，意大利学者尼赛福罗（A. Niceforo）和贝尼尼（R. Benini）分别发表了《外国人在意大利的移动》和《关于游客移动计算方法的改良》两篇论文。他们的研究工作主要集中在旅游过程中对一些现象的描述和计量方法的改进上，如游客人数、在目的地停留时间、消费额等，目的在于了解旅游活动的运行规律，以便政府征税和管理。罗马大学讲师马奥蒂（A. Mariptti）首次对旅游业经济效应进行了系统剖析和论证。他于1927年出版了以"旅游经济讲义"为书名的旅游专著，对旅游活动的形态、结构和活动要素做了研究，认为旅游活动属于经济性质的一种社会现象，并于1928年出版了该书的续编，1940年出版了修订本，使其观点得到了更为系统化的解说。1935年，德国柏林大学的葛留克斯曼出版了《旅游总论》一书，该书首次应用经济学理论对经济效应进行了分析，并突出强调了旅游产业的经济功能。1954年，德国学者克拉普特出版了《旅游消费》一书，对旅游消费的动力和过程做了专题研究。1955年，意大利学者特洛伊西出版的专著《旅游及收入的经济理论》，对旅游收入及旅游业经济效应做了比较深入的探讨。总之，在这一时期，大部分旅游经济学者从事国际和国家层次旅游经济的研究，少数人从事地区和本地范围的研究，研究者的兴趣也集中在接待地经济效益的增长、旅游服务设施和娱乐服务业方面发展等方面，目的在于考察旅游业对国际收支平衡、增加国民收入和就业等经济发展的推动作用。

2）第二阶段——20世纪60年代到70年中后期的简单计量模型时期

在简单计量模型时期，学者主要就是利用"乘数原理"对旅游业所产生的经济效应进行分析。同时国外学者也普遍认为这一时期乘数理论是评价旅游业对促进接待经济发展最有效、最有说服力的手段。马西森（Mathieson）和沃尔（Wall）在1952年首次提出了"旅游乘数"这一概念。英国学者阿彻尔（B. H. Archer）和沃恩（R. Vaughan）在这方面也做了大量工作并取得了重要成果。因为这种研究方法比以前的单纯理论研究更加科学，但旅游业的经济影响比较复杂，直接简单套用经济学中的乘数理论分析，研究结果显得比较粗糙，与实际情况相差较大。

在这一时期，除了旅游乘数这一研究成果外，也有很多学者开始关注旅游业对地区经济发展的负面经济效应，特别指出了采用旅游乘数计算出的结果要低于实际情况，提出了旅游业的发展会造成旅游目的地地区物价上涨等负面影响。这一时期研究案例比较多，因此积累了丰富的经验，一定程度上为后期更进一步的定量研究打下了基础。

3）第三阶段——20世纪80年代后的复杂计量模型时期

在这一时期，主要是利用复杂的数学模型和统计工具，建立了投入产出表、旅游卫星账户（tourism satellite accounts，TSA）、旅游经济评价等复杂的旅游业经济效应计量模型，并将这些模型在欧美地区推广开来。

这一时期，学者首先为了弥补旅游乘数理论的不足，将列昂惕夫（W. Leontief）的投入产出分析法运用到旅游业经济效应的研究中来。同时其扩展形式，包括社会核算矩阵（social accounting matrix，SAM）、旅游经济评价模型（tourism economic assessment model，TEAM）、一般可计算平衡（computable general equilibrium，CGE）、旅行经济影响模型（travel economic impact model，TEIM）等也成为旅游业经济效应的分析工具。进入20世纪90年代和21世纪，旅游卫星账户的推广使用和理论更加完善，Smith认为旅游卫星账户对旅游区域经济效应分析和解释能力是强大的，在理论上是可行的，虽然建立旅游卫星账户会遇到种种困难和障碍，但从长远来看，它所具有的价值终会超越这些困难。同时建模技术更加先进精密的CGE模型的引进方面也获得了极大的发展。

随着旅游业的发展，学者的探讨不断深入，旅游业经济影响的评价方法日益丰富起来。投入产出模型（input-output model）以自身的优点成为评价旅游业和特殊节事活动经济影响的普遍被接受的方法。SAM和CGE模型是在投入产出模型的基础上扩展而来的，与投入产出模型相比，SAM和CGE模型不仅可以对已发生的事实进行评价，还可以对未来的发展趋势进行预测。SAM一般用于分析较大区域或国家尺度的经济状况，而CGE应用到很多尺度的区域经济研究。Wagner（1997）运用SAM模型对巴西Guaraquecaba城旅游业发展的经济影响进行了研究，他构建了相应的SAM，计算了旅游业发展的地区产出乘数、全职就业乘数和间接商业税费，认为由于大量进口商品和外来资本的涌入，旅游业对当地的经济贡献是有限的，并分析了旅游业在促进当地经济发展方面作用较小的原因。Zhou等（1997）利用1982年夏威夷的SAM数据，构建了CGE模型，分析了当游客消费减少10%时给夏威夷经济所带来的影响，并将该分析结果与用投入产出模型分析得到的结果进行比较，得到的结论是，用CGE模型分析得到的结果小于用投入产出模型分析得到的结果，因此认为CGE模型考虑到了资源分配问题。Blake等（2006a）学者也运用静态CGE的不同模型，分析了英国旅游业要素生产率和其因素的改变对旅游生产率的影响。

规划模型影响分析（the impact analysis for planning model，IMPLAN）是复杂的电子模型体系，包含了525个经济部门的10个产业群经济活动的投入产出分析，从而演算地区投入产出模型，并据此对区域经济影响进行预测，在条件假设和计算方法上有很大的灵活性，可以适用于国家等多种尺度的研究中。Huse 等（1998）运用 IMPLAN 计算得出 1995 年宾夕法尼亚州外地游客对当地的直接销售影响为 191 百万美元，对间接和诱发销售的总计影响为 3.69 亿美元。Strauss 和 Lord（2001）也分别运用此模型对国家公园和遗产旅游的经济影响进行了实证分析。

　　旅游卫星账户是联合国确立的评价旅游业经济影响的标准方法。Oh（2005）对旅游卫星账户与其他模型相比所具有的优势、基本原则、所需基本数据进行了阐述，对如何运用旅游卫星账户对旅游业经济影响进行评价和旅游卫星账户在建立过程中会遇到的相关问题进行了分析。Lee 和 Taylor（2005）通过对坦桑尼亚旅游卫星账户建立过程的研究，认为旅游卫星账户建立所需的财政和非财政的资源非常可观，但带来的利益不仅统计了计算经济影响所需的数据，也带来了附属利益，如可以为政府部门提供真正参与制定并实施政策的机会，保证旅游卫星账户产出利用的最大化，并提出交流与合作是旅游卫星账户发展的助推器。目前，旅游卫星账户在西方国家，如在挪威、加拿大、西班牙、法国、新西兰、美国、瑞士、澳大利亚等国家得到了广泛的应用。线性规划模型（linear programming model，LPM）和二元矢量自回归（bivariate vector autoregression，VAR）模型也是国外旅游学者对旅游业经济影响进行研究时所运用到的模型。Daniels（2004）利用线性规划模型对康沃尔城旅游业的经济影响进行了分析，发现旅游业的扩展在对外部平衡发挥着重要作用，但对内生产业部门却产生了负面影响，认为发展旅游业不是外围经济条件下促进经济发展的最佳选择；Oh（2005）利用 1975~2001 年的相关数据，运用 VAR 模型探讨了韩国旅游业发展与经济增长之间的因果关系，结果表明韩国旅游业的发展与经济增长之间不是互为因果的关系，而是经济发展推动了旅游业的增长，且经济的快速增长在短期内对国际旅游业快速发展的推动作用更明显。此外，如 Kim 等（2006）还就旅游业评价模型中所需数据的获取与处理、数据的收集方法以及模型的相对优劣势与联系进行了分析。从研究的尺度和内容上看，旅游业评价模型主要集中如下。

　　（1）研究尺度方面，着重既定范围内的研究。

　　从研究尺度方面看，国外在案例选择方面比较广泛，涉及国家、地区和旅游景区（点）三个方面。

　　在国家层面上，Kim 等（2003）运用投入产出模型计算了韩国旅游业的经济影响，包括对就业、居民收入、价值增加量及外汇收入等方面的影响。Blake 等（2006b）研究了旅游需求的关键驱动力，即相对价格、汇率和收入的改变对苏格兰旅游经济的影响。Zhang 等（2007）用旅游乘数和收入支出等方法研究了丹麦旅游地区经济的影响。也有学者运用弹性理论分析旅游业的经济影响。例如，谢彦君（2004）在其《基础旅游学》（第二版）中提到 Garin-Munoz、Teresa、Mieke、Coenen 等运用计量方法分别分析了西班牙、瑞典国际国内的旅游业经济影响，得出了收入弹性、服务价格弹性、花费弹性等，证实了旅游业推动国家经济发展的作用。

在地区范围内的方面，英国的阿彻尔和沃恩先后分别在格温尼德地区和洛辛安地区对旅游饭店进行了调查，对旅游经济乘数效应做了理论和应用两个方面的研究，验证了旅游乘数的实践意义；并且还利用乘数理论调查研究了这两个地区不同类型住宿业的就业情况，在直接、间接和诱导三种就业乘数效应方面取得了可靠的数据，验证了乘数理论在旅游就业现象研究中的作用（谢彦君，2004）。Johnson（1989）分析了博茨瓦纳奥卡万戈（Okavango）内陆三角洲旅游业对恩加米兰（Ngamiland）区的地区国内生产总值、经济收入、就业、基础设施建设、郊区发展等方面的经济影响，发现旅游业在上述方面具有很大的积极作用，如旅游业是国内生产总值和财政收入的第二大来源，在改善交通、增加就业机会、加强基础设施建设等方面，达到发展旅游业的目的。但也有欠佳的地方，如对当地农业产品、手工业和制造业基本上不能起到促进作用等。20 世纪 90 年代以来，也有学者关注游船旅游发展的经济影响研究，Dwyer 和 Forsyth（1998）提出了澳大利亚游船旅游的经济影响评估模式。

在旅游景区（点）层面，Bergstrom 等（1990）通过对伯利兹城内保护区的分析发现，最靠近保护区的社区靠出售手工艺品、提供食宿和其他服务获得了最大的经济利益。他们认为除了资源的有限性和通货膨胀外，旅游业发展所带来的影响是积极的。Walpole 等（2001）对印度尼西亚的科莫多（Komodo）国家公园在地方和区域范围内的经济影响进行了评价，发现公园内部的村庄承担了最大的保护费用，但在通往该公园的两个半城镇地区却获得了最大的经济效益，认为出现这种结果的主要原因是公园内部的村庄缺乏资金，居民没有相应的技能及当地旅游业与传统产业部门联系较少。其他学者，如 Strauss 和 Lord（2001）也都对部分景区（点）的经济影响进行了分析。

总之，就研究尺度方面，从学者研究可以看出，在旅游业的产生、发展过程中，某一尺度范围内的旅游业发展不仅会对本尺度领域内的经济发展产生作用，而且也会对其周边地区的经济产生相应的影响。国外的旅游业经济影响研究着眼于对既定范围内旅游业在此范围内的经济影响进行评价，但国外对旅游业经济影响的空间辐射性研究较为薄弱，只是就案例论案例。

（2）研究内容方面，关注与其相关的研究。

在研究内容方面，国外旅游业经济影响研究十分广泛，包括旅游业对国内生产总值、就业、税收、财政收入、出口、外汇收支平衡等多个方面。研究者在关注到整体旅游业经济影响的同时，旅游业某一活动或者环节的经济影响也日益引起重视。

有关体育事件经济影响的研究，国外学者，如 Jones 和 Munday（2004）分析了 1999 年橄榄球世界杯和 2000 年爵士节这两个重大活动中旅游花费对各区域经济的不同影响，强调了当旅游业对当地经济发展具有先导作用时，旅游卫星账户的建立对经济和政策制定的重要性；Daniels 等（2004）研究了 2001 年在梅克伦堡州举行的世界快速垒球女子赛（Girl Fastpitch World Series，GFWS）的经济影响，认为在旅馆和住宿业中中等工资阶层受到的影响较大，2004 年，其又提出体育旅游对服务行业的影响最大，适合一些国家可以向服务型经济转轨发展的观点。但国外有的学者认为大型节事活动可能会给举办地带来巨大的债务。

关于赌博方面的研究，Sharma 和 Olsen（2005）分析了以色列埃特拉与埃及塔巴（Taba）赌博边界竞争产生的影响，认为要获取更大的经济影响，应加强两地间的合作。Frechtling（1999）认为赌博业能提高居民的就业率，将外地资金引入本地，提高餐饮业、住宿业的销售水平和增加政府税收，为增加旅游目的地吸引力提供了资金，但在一定程度上减少了其他零售业，如建筑材料、服装业等的销售。

在旅游业某一环节经济影响的研究，Mbaiwa（2003）分析了旅游销售对沿俄勒冈州海岸六个主要产业的直接和间接影响，在这六个主要产业中，服务业和零售业受到的影响最小，娱乐业、餐饮业和住宿业最大。Adams 和 Parmenter（1995）就旅游税收对宏观经济的影响进行了分析。

综上所述，关于旅游业经济影响的研究，国外学者在内容方面综合性较强。在研究尺度方面，国家、省市区域、景区（点）等大小尺度都有所涉及；在研究方法方面，从乘数原理到投入产出模型再到旅游卫星账户，经历了由简单到复杂，并不断完善，由为旅游业发展提供理论支持到分析问题、解决问题的道路；在评价内容方面，研究者不仅关注整体旅游业对国内生产总值、旅游目的地、就业率、外汇收支平衡、出口、财政收入等方面的影响，而且旅游业中某一活动和环节的经济影响也是关注内容之一。但是，学者基本上都是对影响结果进行分析，较少对旅游业未来的影响力进行分析。

2. 国内旅游业经济效应研究现状

与欧美等国家和地区相比，中国旅游业经济效应的研究起步较晚。开始于 20 世纪 80 年代中期，真正深入的研究则始于 90 年代后期，但是在研究成果的数量和质量上提高较快。若按研究的时间段进行划分，跟国外研究一样，同样也可以划分为如下两个研究阶段。

1）第一阶段——20 世纪 80 年代初到 90 年代初的理论研究阶段

这一阶段大量地引进和借鉴了国外有关成果，往往直接"拿来"的比较多，同时在借鉴国外研究成果的基础上，重点探讨了旅游产业的宏观经济作用，以及旅游业在国民经济中的地位等，形成了中国的旅游业经济效应研究理论，在整个 20 世纪 80 年代，国内旅游学者都把旅游业经济效应当做重点的研究项目来研究。

　　中国出于人才培养的迫切需要,旅游业经济影响的研究首先从教材建设开始。谢彦君(2004)的《基础旅游学》(第二版)一书中总结到,1982年2月,王立纲和刘世杰出版了《中国旅游经济学》一书,在我国旅游经济研究领域实现了"零的突破"。陶汉军、林南枝、陈纲等先后出版了《旅游经济学》教材、徐秉文主编的《旅游经济管理》、潘泰封主编的《旅游经济导论》、伍宇峰主编的《旅游经济学》等旅游经济相关教材也先后出版。1986年,旅游业被正式纳入国民经济序列。同时,《旅游学刊》《旅游调研》《旅游科学》及《旅游管理》等一批学术性或准学术性旅游刊物也相继面世,它们对旅游业经济效应的研究起到了推波助澜的作用。这一时期,最重要的成果之一,是由著名经济学家孙尚清主持并于1989年完成的《中国旅游经济发展战略研究》(厉新建等,2006)。

　　2)第二阶段——20世纪90年代后到现在的定量实践探索阶段

　　我国的旅游业经济效应定量研究相对较少,由于旅游业的快速发展,各地政府需要用旅游业经济影响评估的数据来做相关的旅游决策,为了满足此需求,国内部分学者考虑到旅游卫星账户需要高额成本支出,而投入产出分析法对资料的准确性要求较高,因此发展了一些简单、合理可行的方法来衡量旅游业经济影响。

　　旅游作为一种产业,对国民(区域)经济的发展起着重要的影响,学者较多是在大型节事旅游、会展旅游、乡村旅游、奥运旅游效应等方面做了研究。罗秋菊(2002)从短期和长期角度分析了奥运会对举办地旅游业的影响;陈亮(2004)探讨了F1大奖赛给上海带来的经济效应;顾筱和和黄郁成(2006)探讨了乡村旅游对经济的影响;李向明(2007)就奥运会后的辐射效应、放大或低谷效应等旅游效应的表现进行了分析,提出了奥运会后经济背景下的旅游业发展策略。

　　近年来,国内越来越重视从更客观的角度来研究旅游业产生的整体经济效应,并且在研究过程中有模型参与,如乘数模型、投入产出模型、一般均衡模型(CGE)、动力模型、MI-REC(密歇根大学)模型、卫星旅游账户等。张凌云(2000)从区域经济发展的整体角度,研究认为旅游业只是从属于主导产业,作为配合主导产业的关联产业发展。李江帆等(2001)应用旅游业增加值剥离测算法对广东省旅游业增加值进行了测算。闫敏(1999)在《旅游学刊》发表《旅游业与经济发展水平之间的关系》,该论文运用投入产出模型得出旅游业与其他相关产业之间存在非常重要关联性这一结论。不少学者对旅游目的地经济效应评价体系的构建进行了研究,并做了实证分析。例如,张帆等(2003)以秦皇岛为例、魏颖(2005)以杭州为例、冷冰冰(2006)以重庆为例,以及王晶(2007)以福建省为例等,都对区域旅游业经济效应评价进行了实证研究;张德红和王朗玲(2005)借助旅游卫星账户、刘晓红和李国平(2005)运用线性回归法、乔玮(2006)与杨勇(2007)利用VAR模型和Granger因果检验等方法、侯宇鹏等(2008)基于CGE模型方法分别研究了旅游卫星账户统计框架下的旅游消费特征。徐信元(2008)运用旅游经济学、统计学、投入产出理论、计量经济学等各个学科理论，采用定性、定量分析方法，分析了上海旅游业对经济发展的影响，并提出了一些建议。陈斐和张清正（2009）以江西省为例，运用旅游乘数和旅游业经济效应的相关理论，系统、定量地分析了旅游业在江西省经济发展中的作用，重点研究了旅游业对江西省的收入效应、创汇效应、就业效应、产业关联效应。张岚（2011）从区域的角度，根据对旅游总收入对国内生产总值的贡献率、对经济增长的拉动系数、就业弹性等指标对 2004~2006 年这三年我国东部、中部、西部区域的旅游业经济效应做纵向定量研究。刘亭立和王诚庆（2011）对重庆旅游业经济效应，以及杨俊情和王晶（2011）对河南省旅游业现状和经济效应的客观分析，阐述了旅游业在推动重庆和河南经济发展中的影响力。

在此期间，有两篇博士论文也是分别以乌鲁木齐市和陕西省为例，研究了旅游业经济效应的某一方面。其中，新疆大学张滢（2006）的博士论文《旅游经济效应的理论与实证研究——以乌鲁木齐市为例》，测算了乌鲁木齐市的旅游产出乘数、就业乘数、影响力系数和感应度系数，分析有一定的深度，但并仅停留在这一层面，对旅游业经济效应研究缺乏全面性。西北大学刘迎辉（2010）的博士论文《陕西省旅游经济效应评价研究》运用旅游卫星账户法、投入产出法和国民经济核算支出法对旅游业经济效应进行了评价，并进行了评价结果的比较，及评价方法的优化。该论文方法应用较为全面，但却忽略了三种方法评价的侧重点不同，如卫星账户法主要用于测评旅游产出效应（旅游业增加值），投入产出法主要用于测评产业关联及产业波及效应。故将三者进行比较优化意义并不大。

1.2.2　国内外旅游乘数与投入产出研究进展

1. 国外旅游乘数与投入产出的进展

1）旅游乘数的研究

乘数概念起源于 19 世纪 80 年代，当时的一些经济学家已经注意到某个行业的发展变化可能会导致其他相关行业的发展和变化，进而造成整个经济活动中出现一种"倍增"效应。1882 年，经济学家巴奇霍特（Bagehoc）分析了紧缩产业对经济中其他产业所引起的负面影响，用"乘数"一词描述在一个经济体系内的某个产业出现萧条后对该体系的其他产业所造成的连锁反应；此后经济学家约翰森（Johansen）又在 1908 年和 1925 年使用"乘数原理"（multiplying principle）一词来表述经济活动（Archer，1982）。

自此，不少经济学家便对乘数理论展开了长期的研究，并在 20 世纪 20 年代末和 30 年代初掀起一股乘数理论研究高潮，如皮古（Pigou，1929）等经济学家均从不同视角提出了各自的乘数分析方法。

1931 年，英国经济学家 R. F. 卡恩（Kahn）发表了划时代的论文《国内投资与失业的关系》(*The relation of home investment to unemployment*)，首次提出了乘数理论（Kahn，1931）。卡恩认为政府支出的增加会产生直接效应和次生效应。他把这种直接效应定义为由支出所创造的直接就业加上"为进行新的投资所必需的原材料生产和运输导致的间接就业"。他又将次生就业定义为"为了适应与直接就业相关的工资和利润支出的增加而形成的消费品生产所造成的就业"（Kahn，1931）。

英国经济学家 J. M. 凯恩斯（Keynes，2009）进一步完善了卡恩提出的乘数理论，用以说明一个行业所得到的一笔投资或收入不仅能够增加本行业的收入，而且会在整个国民经济中引起一连串的反应，最终产生数倍于最初收入的国民收入。

1955 年，意大利经济学家特罗伊西率先发表了《旅游及旅游收入的经济理论》，开启西方经济学界研究旅游业经济效应的先河。随后，国际上许多知名的旅游经济学者，如阿彻尔、墨菲（P. Murphey）、金德尔（H. Zinder）、布莱丹（J. M. Bryden）、斯莫拉尔（E. Smeraml）、奥哈根（J. OHagan）、劳威克（E. Lowyck）、穆尼（D. Mooney）、泰勒（D. Tailor）、塞尔贝克（R. Saerbeck）、安德森（T. D. Andersson）、高德曼（G. Goldman）、纳卡扎瓦（A. Nakazava）等均利用凯恩斯的乘数理论研究旅游活动对目的地的经济影响，提出评价各种旅游乘数的理论模型，测算出当地的旅游收入乘数、旅游就业乘数等，并据此向目的地政府提供发展旅游产业的政策性建议。

研究旅游乘数的英国著名旅游经济学家阿彻尔指出："从根本上说，区域旅游收入乘数就是度量增加的一个单位旅游支出所产生的个人收入数量的工具。区域旅游收入乘数应该是一种关于增加的一个单位出口收入和由它所引起的当地家庭的直接收入、间接收入和诱导性收入的数量之间关系的数学表示方法。"（Archer，1976）阿彻尔把旅游乘数进一步分成旅游交易乘数、旅游产出乘数、旅游收入乘数和旅游就业乘数四个类型，指出："所有这些乘数存在着内在的联系。"

西方的旅游经济学家对旅游乘数的研究始于 1960 年，其中比较著名的包括阿彻尔、金德尔、伦伯格（D. E. Lundberg）、墨菲、布莱丹、M. 费伯尔（Faber）、G. 理查德斯（Richards）、R. 罗夫格罗夫（Lovegrove）、T. 安德森、D. 罗迪（Rohdy）等。

20 世纪 70 年代初，阿彻尔先后对英国威尔士的安格尔西（Anglesey）和圭内斯（Gwynedd）地区的旅游业经济效应进行深入研究。在此基础上写出了 *Tourism in Gwynedd: An Economic Study* 的研究报告。阿彻尔在研究中发现，如饭店、民宿、商店等成为旅游者在旅游目的地的第一轮旅游消费支出的当地旅游企业。从旅游者那里获得的收入，旅游企业将其中的一部分作为工资、房租、利息和利润支付给当地的居民，将另一部分收入用于向当地企业购买商品和服务以保证继续营业。这些收入将会在目的地经济中继续运转，当地企业的额外收入是由旅游经营商向旅游目的地企业和居民在当地企业里花费的资金构成的。当地企业为了满足这些额外的需求，必须购买更多的物质资料、雇佣更多的员工或安排现有员工加班以提高产量或提供更多的服务。因此，这些当地企业必须把它们获得的额外收入用于购买较多的原材料、支付新雇员的工资或现有雇员的加班工资。当然，这些企业也获得了更高的利润。随着旅游目的地企业和居民收入的增加，其消费支出亦将增加，从而当地某些企业和部门将获得更多的收入，这样循环往复地继续发展下去，最终，旅游者在旅游目的地最初的旅游消费支出将为该地区带来更多的收入，这些收入有时会是数十倍于最初的旅游消费支出，阿彻尔把这种现象称为旅游乘数效应。

阿彻尔总结了他人的研究结果，并依据凯恩斯的乘数理论，结合旅游经济的特点，提出了旅游乘数的理论框架，归纳出七种旅游乘数，分别为营业收入乘数、旅游收入乘数、产出乘数、旅游就业乘数、旅游企业收入乘数、居民收入乘数和政府收入乘数。伦伯格以阿彻尔的旅游乘数理论为基础，于 1980 年出版了 *The Tourist Business* 一书，系统全面地描述了旅游收入乘数。他指出："旅游产品自给率越高的国家或地区，旅游收入在其国民经济体系内流转的时间越长。一般地，旅游业发达国家或地区的旅游自给率较高，因而旅游乘数也就越大。相对的，全国性的旅游乘数大于地区性的旅游乘数。"墨菲在 1985 年出版了 *Tourism—A Community Approach* 一书。他在书中对旅游活动在目的地产生的经济影响进行了阐述。他指出"旅游者的支出只代表了对旅游目的地社会造成了第一阶段的经济影响，因为随着外来收入在一个地区的经济中不断流动，旅游活动所产生的贡献将会成倍增长"。同时他认为旅游消费的经济影响还会随着经济产业间的关联产生第二阶段、第三阶段等的影响。

此后，国外的一些旅游经济学家相继运用阿彻尔的模型对许多国家和地区的旅游乘数进行证明研究。比较著名的包括费伯尔和布莱丹对西印度群岛的支提瓜进行了旅游乘数分析、理查德斯对爱尔兰和英国的国家旅游收入乘数的研究、罗迪和罗夫格罗夫对美国科罗拉多格兰德县的旅游乘数的研究和金德尔对东加勒比海各国的旅游乘数研究；1967 年美国学者哈姆斯顿（F. K. Hamston）对美国密苏里州旅游消费诱导效应的研究说明，旅游消费的诱导效应导致的区域内货币流量是间接效应的 3 倍多。

西方旅游经济学家对旅游发达国家和地区的旅游经济效应运用乘数理论进行了实证分析，形成了不同的旅游乘数模型，如阿彻尔模型、爱德华兹模型、伦伯格模型和布朗瑞格-安德森模型。其中，阿彻尔模型关注旅游经济效应三阶段旅游收入的计量；伦伯格模型是对旅游收入进行计量；布朗瑞格-安德森模型则由两个子模型组成，包括旅游收入乘数模型和旅游就业模型。

综合上面的理论与研究可知，旅游活动是一项复杂的、存在多种需求的人类社会活动。这种活动因为其消费给目的地带来了第一阶段、第二阶段和第三阶段的影响，不同阶段影响分别对应理论界提出的旅游业的直接经济效应、间接经济效应及引致经济效应。这三个阶段的影响共同构成了旅游乘数。旅游者在目的地的消费越大，旅游乘数越大，二者呈现正相关的关系。

2）投入产出理论与模型方面的研究

研究旅游活动对目的地经济影响的另一个重要理论基础是投入产出经济学理论。以旅游乘数理论作为理论基础的旅游业经济效应分析方法在描述最终经济效应时，一般不考虑哪些具体的部门从旅游活动产生的直接效应中获益，也不考虑哪些具体行业能够从旅游活动产生的最终经济效应中获益。而根据投入产出经济理论形成的分析方法则因为是建立在对经济体系中每个具体部门的消费倾向分析的基础上，因此比较关注旅游对不同产业产生的效应研究。

1936年，美国经济学家列昂惕夫在他的《美国经济体系投入产出的数量关系》一文中，提出并且阐述了投入产出经济理论（Leontief，1936）。列昂惕夫构建了一个能够反映总体经济活动的矩阵，即投入产出表，用矩阵的形式记录了一个国家在某一时期内国民经济各部门的全部经济活动。

最早进行旅游投入产出研究的是美国经济学家哈姆斯顿。他在研究美国怀俄明州西南部地区旅游乘数时，使用了一个24部门的模型，并将家庭和当地政府作为内生变量包含于矩阵里。后来，哈姆斯顿在研究美国密苏里州的旅游乘数时，计算了一个由22个部门组成的交易矩阵。他先将家庭和当地政府作为内生部门进行运算，然后在重新计算矩阵时，又将家庭和当地政府作为外生部门，用以区分间接效应和诱导效应。通过这种处理方法，他计算出当地的旅游诱导效应是间接效应的3倍。

H. 甘伯尔（Gamble）和 W. A. 斯特朗（Strang）将家庭完全作为内生部门纳入矩阵。甘伯尔使用了两个29部门组成的投入产出矩阵，计算出美国宾夕法尼亚州的旅游乘数。甘伯尔首先在矩阵中增加了新的一列和一行，其次重新运行该模型来预测将旅游活动引入当地经济后产生的效应；他还利用更改某些内部系数的方法以预测"由于一个水上度假村产权的变更"导致对当地经济的影响。斯特朗使用的是一个19部门构成的投入产出矩阵，他以此来计算威斯康星州各个经济部门的产出乘数；另外，他还用一个旅游支出的向量乘以列昂惕夫交易逆矩阵获得了旅游乘数。

阿彻尔在 *The impact of domestic tourism* 一文中，提出了研究旅游收入乘数的区域性旅游投入产出模型。这个模型后来被广泛应用于旅游经济研究中，并扩展到对其他旅游乘数，如旅游就业乘数、居民收入乘数、政府收入乘数等的研究中。

其后，弗莱彻（Fletcher，1989）、布瑞阿苏里斯（Briassoulis，1991）、克姆

等（Kim et al., 2003）分别对不同地区旅游活动进行了投入产出分析。目前，运用投入产出分析比较著名的模型包括戴蒙德模型和阿彻尔模型。

根据上述总结，应用投入产出分析旅游业的经济效应，能够分行业判断不同产业的旅游产出和旅游就业。同时运用投入产出还可以分析有关行业的旅游乘数。所以，投入产出是一种有效的分析工具。

2. 国内旅游乘数与投入产出的研究

自 20 世纪 70 年代末实行改革开放的政策以来，我国旅游业迅速发展。国内旅游经济学界积极展开对旅游活动经济效应的研究，涌现出了一批重要的理论文章和著作。从研究内容来看，可以分为两个阶段：第一阶段为 20 世纪 80 年代初至 90 年代初，期间主要是介绍国外发达国家旅游经济学界的研究成果；第二阶段是 20 世纪 90 年代初至今，主要是利用定性的方法对我国的旅游经济问题予以探讨和研究。目前，尽管存在使用定量方法研究旅游经济效应，但是没有形成系统化的研究。

楚义芳（1992）是较早研究旅游经济效应的国内学者，她比较详细地介绍了部分国外旅游经济效应的相关研究成果。其后，李天元（2003）、王洪滨（2004）、林南枝和陶汉军（1986）等旅游学者也对旅游乘数理论进行了介绍，还有其他学者对旅游乘数在旅游目的地经济发展的作用做了相应的定量分析。例如，闫敏（1999）发表了《旅游业与经济发展水平之间的关系》，李江帆和李美云（1999）发表了《旅游产业与旅游增加值的计算》，这是国内最早定量分析中国旅游业经济效应的专门著作。左冰（2002）首次运用旅游乘数模型对中国的旅游乘数进行了测算。其后，还有李志青（2001）、魏卫和陈雪钧（2006）、乔玮（2006）、刘益（2007）、张华初和李永杰（2007）、黎洁（2007a）等都引用了投入产出分析法，计量不同地区旅游业经济效应。

1）旅游乘数的研究

李天元（2003）在《旅游学概论》一书中对旅游收入在目的地经济中的流转做了分析，并专门介绍了旅游乘数理论。他认为旅游乘数是用来测量单位旅游消费对旅游接待地区各种经济现象影响程度的系数，并把旅游乘数分成如下四种类型：①营业额或营业收入乘数（sales multiplier 或 transactions multiplier），这一乘数测定单位旅游消费对接待国经济活动的影响程度，表示单位旅游消费额同由其所带来的接待国全部有关企业营业收入增长量之间的比例关系；②产出乘数（output multiplier），测定的是单位旅游消费同由它所带来的接待国全部有关企业经济产出水平增长程度之间的比例关系；③收入乘数（income multiplier），表示的是单位旅游消费同其所带来的接待国净收入变化量之间的比例关系；④就业乘数（employment multiplier），用于表示某一特定数量的旅游消费所创造的就业人数或表示由某一特定数量的旅游消费所带来的直接就业人数与继发就业人数之和同直接就业人数之间的比例关系。

林南枝和陶汉军（1986）也对旅游乘数理论进行了论述，认为旅游收入通过分配和再分配，逐渐渗透到国民经济活动中，对综合经济的发展产生三个阶段的作用：一是直接影响阶段。在这个阶段，旅游收入最初注入与旅游活动密切相关的一些部门和企业中，如旅行社、饭店、餐饮业、交通部门、旅游景区等，它们都会在旅游收入的初次分配中获益。二是间接影响阶段。在这个阶段，直接受益的各旅游部门和企业，在提供旅游产品过程中要向有关部门和企业购进原材料、物料、设备；各级政府把旅游中缴纳的税金投资于其他企事业、福利事业等，从而使这些部门在不断的经济运转中获得了收益。三是诱导影响阶段。在这个阶段，直接或间接为旅游提供服务的部门或其他企事业的职工，把获得的工资、奖金用于购买生活消费品或用于服务性的消费支出，从而促进了相关部门和企业的发展。另外，那些从旅游收入的分配及再分配运转中受到间接影响的企业和部门，在再生产过程中又不断购置生产资料，进而推动了其他相关部门生产的发展。

王洪滨（2004）的《旅游学概论》一书中陈述，由于游客是从一个国家或地区流向另一个国家或地区，从而形成了旅游接待国或地区的"无形输出"。游客输入意味着旅游收入增加，这对旅游接待国或地区来说是一种外来的经济注入。旅游者通过消费，将该国或地区的一部分国民收入带到旅游接待国或地区，进而形成了国与国、地区与地区之间的财富转移，并且通过旅游收入的增值效应刺激旅游接待国或地区的经济发展。他同时指出，旅游收入对国民经济作用的大小，取决于旅游收入参与国民收入分配与再分配的过程，也即旅游收入不断用于生产消费和生活费用的比例状况。如果用于不断再生产的部分越大，那么退出流通领域的旅游收入部分越小，对经济的推动就越大。旅游收入在旅游目的地的经济领域中进行流通，不断地进行分配和再分配，直至其数额减小到不能再分配为止。在这个过程中，最初的旅游收入就会产生一种增值效果，即旅游乘数效应。

2000年，云南大学左冰在《旅游的经济效应分析》一文中，以旅游消费需求为视角，运用马克思政治经济学理论对旅游业经济效应产生的机理进行了分析，并对中国的旅游产出乘数和旅游就业乘数进行了测算。2006年，上海师范大学旅游学院的乔玮在《用投入产出模型分析旅游对上海经济的影响》一文中，用投入产出法分析了上海的旅游产出乘数、旅游收入乘数以及旅游消费引起产出增长的乘数效应所引致的范围（乔玮，2006），并将上海的旅游乘数与王琳（2005）计算的天津的旅游乘数、张帆等（2003）计算的秦皇岛的旅游乘数进行了比较分析。这是我国旅游经济学界运用乘数理论和投入产出法对旅游业经济效应进行的量化分析研究。然而，由以旅游消费需求作为分析视角，所以只能对个人旅游消费需求在旅游目的地的经济效应进行分析和测算，无法解释在目的地旅游经济活动中占有很大比重的商务旅游、公务旅游、奖励旅游和会议旅游等类型的旅游消费需求产生的经济效应，因此计算结果不是非常完整。

2）投入产出模型的研究

2001 年，李江帆等首先将投入产出模型引入旅游业的研究，并利用广东省1992 年的数据对旅游业产业关联及产业波及效应的分析，结果表明旅游产业存在很强的产业关联性、消费互补性和产业影响力（李江帆等，2001）。2002 年，于庆年建立旅游产业的投入产出模型，完整地描述各因素之间的依赖制约关系（于庆年，2002）。而后如王燕和王哲（2008）对新疆，黎洁和连传鹏（2009）对江苏，张文建和阚延磊（2003）对上海，戴斌和束菊萍（2005）对北京，王丽和石培基（2007）对甘肃，崔峰和包娟（2010）对浙江分别利用该方法对区域层面的旅游业产业关联及产业波及效应进行了研究。宋增文（2007）利用 2002 年中国投入产出数据，对中国旅游业的产业关联度进行了定量研究。

1.2.3　国内外研究述评

1. 国外相关研究述评

综合以上阐述和评析，首先，国外有关旅游业经济影响的研究在研究尺度上，着重既定范围内旅游业经济影响的研究，在案例地的选择方面较广泛，涉及国家、地区和旅游景区（点）三个尺度范围；其次，在研究方法上，从简单到复杂，大致经历了简单数学模型、复杂数学模型、复合概念模型三个时期并日趋完善；最后，研究内容上，关注与旅游有关的相关活动的经济影响的研究，涉及旅游业对国内生产总值、就业、税收、财政收入、外汇收支平衡等多方面，在关注整体旅游业经济影响的同时，旅游业某一活动或者环节的经济影响也日益引起研究者的重视。因此，显示了以下特点。

（1）重视模型的构建和应用，且定量与定性分析相结合。将多种方法和模型应用到旅游业经济效应研究中。在旅游业经济效应方面的研究已形成的方法主要包括旅游乘数效应法、投入产出分析法、旅游卫星账户法、经济基础分析法、费用效益分析法、旅游业地区影响力模型等多种方法。

（2）参与学科的复杂性，研究视角的多样化。研究过程中多与经济学、地理学、社会学、心理学、行为学等相关学科进行结合。

（3）多以某一案例区为研究对象，并且研究过程中注重实地考察、收集和分析资料，并将案例区情况、数据分析与理论相结合，分析过程详尽，研究内容丰实，研究结果具有较强的说服力。

（4）研究覆盖面相对较广，不仅覆盖到欧美等发达国家和地区，同时也关注到非洲等一些欠发达地区的旅游业经济发展的影响。

（5）研究内容较广，关注政策的实用性。对旅游业的正面经济效应和负面经济效应都进行了相关研究，并且具有一定深度和广度。

但研究仍有一些不足之处。

（1）在研究的尺度上，国外对旅游业经济影响的空间辐射性研究相对薄弱，有些仅为孤立地就案例论案例。研究多停留在某一区域，某一案例，研究尺度偏中微观，从国家旅游业经济效应视角研究的较少。

（2）在研究方法上，数学模型在旅游业经济影响评价中的运用虽然很成熟，但它的应用有一定的局限性和应用尺度，如果只看到表面的相同而忽视机制的形成，可能会对与旅游业相关的区域经济状况做出错误的判断。

（3）在对旅游业经济效应研究时倾向于扩大旅游业积极的经济效应，从而忽视了消极效应或没有考虑到其他行业受到的负面影响；对旅游业经济效应的研究倾向于目的地的获利而忽视社会、环境、政治等方面的成本及机会成本。

（4）所有研究基本上都是对旅游业经济影响结果或相关进行分析，很少对旅游业未来的影响力进行分析。对旅游业及其相关产业之间的相互影响关系研究较少。

2. 国内相关研究述评

自 20 世纪 70 年代末我国实行改革开放的方针和旅游业开始发展以来，国内的旅游经济学界即开展对旅游活动经济作用的研究，并出现了一批重要的理论文章和著作。从研究内容来看，可分为两个阶段：第一阶段为 80 年代初至 90 年代初，主要是介绍国外发达国家旅游经济学界的研究成果；第二阶段为 90 年代初至今，主要利用定性的方法对我国的旅游经济问题予以探讨和研究。

国内对区域旅游业经济影响、绩效评价方法的研究可分为定量分析起步阶段和定性分析发展阶段，更为注重从整体上把握及评价区域旅游业的经济绩效，也开始采用更为复杂的数学模型和国外相关研究成果的进一步发展阶段。总体上，从上述文献可以发现国内在旅游业经济效应的研究有如下特点。

（1）较多的关注旅游经济领域中的具体的、表层的现象问题，旅游理论的研究着力解决现实经济中的应用问题，关注的多是旅游产业政策等直接与经济效应联系紧密的问题。

（2）以实际个案为例，采用数理统计和构造模型的方法，以客观数据为理性分析基础，强调模式化的操作步骤，对区域旅游业的发展提出相关政策建议。

（3）研究的主体视角具有时代性，与旅游经济相关的社会现象和个别方面旅游热点问题，逐渐地也有一些学者就相应的旅游业经济效应进行分析研究评价。

（4）以定性分析为主，缺少定量分析。利用旅游乘数、旅游投入产出法和旅游卫星账户研究旅游业经济效应的数量比较少。这种状况导致人们无法客观、全面地衡量旅游活动对目的地经济的影响。

与国外研究比较，国内有关旅游业经济效应的研究还存在如下不足。

（1）国内学者对旅游业经济影响缺乏科学、系统的理论研究，理论基础薄弱，大部分理论是借鉴其他学科和国外同行的理论，国内至今仍未提出比较完整的理论构架；从已有的研究成果来看，理论分析多，系统全面分析专门性的案例少；缺乏更加科学合理的统计方法，数据分析方法也较为简单，缺少创新模型，没有形成完整的模式评价体系。

（2）尽管国内学者借鉴了很多外国的理论、模型和经验，由于基本制度等差异，不能完全借鉴国外的成熟体系，缺乏更加有效的指导和借鉴。

（3）主要集中在旅游开发对经济的单方面效应上，经济对旅游影响的研究薄弱，缺乏在旅游业开发等与经济相互作用机制上的研究。

（4）主要集中在对旅游业经济效应正面效应的研究，而对旅游业经济效应负面效应的研究相对比较欠缺。

总之，我国旅游业经济效应的研究水平与欧美等旅游发达国家和地区相比仍旧有较大差距，研究内容和研究方法都不够全面和深入。

1.3 研究内容与框架结构

本书以《2002 年中国投入产出表》和《2007 年中国投入产出表》为基础分析了旅游业的收入效应、就业效应和产业关联等旅游业宏观经济效应。具体包括如下。

第 1 章，导论。分析了中国旅游业经济发展现状；梳理了国内外研究进展；阐述了本书的研究内容及框架结构图；介绍了研究的方法与技术路线。

第 2 章，旅游业经济效应理论分析。首先界定了旅游业及其相关概念进行辨析；其次从旅游业经济效应的形成、内涵、主要内容和影响因素等方面对旅游业经济效应进行解析；最后分析了乘数理论、投入产出理论、旅游卫星账户等旅游业经济效应测度理论，并分析了各种理论、方法及模型在旅游业中的应用及其优缺点。

第 3 章，中国旅游业收入效应分析。本章以《2002 年中国投入产出表》和《2007 年中国投入产出表》为基础，对旅游业发展的相关活动进行剥离，以剥离后的广义旅游业为分析对象，建立国民经济统计项中 17 部门加上广义旅游业共 18 部门的投入产出流量表。采用较为科学严谨的计算方法，测得了旅游业的直接增加值、间接增加值和诱导增加值，并测算了旅游业产出乘数、对国民经济贡献度、对税收的影响和对居民收入的影响。

第 4 章，中国旅游业就业效应分析。本章沿用旅游业收入效应所建立的投入产出模型及其分析方法，对旅游相关活动进行剥离，以剥离后的广义旅游业为分析对象，测算了旅游业直接就业人数、间接就业人数和诱导就业人数，测算了旅游业的就业乘数，并分析了旅游业外部就业容量和内部就业容量。

第 5 章，中国旅游业产业关联及其他效应分析。本章把《2002 年中国投入产出表》和《2007 年中国投入产出表》分别合并为 11 部门的投入产出表。并利用投入产出表提供的丰富资料测算了 2002 年和 2007 年旅游业的直接消耗系数、完全消耗系数，直接分配系数和完全分配系数，中间需求率和中间投入率，影响力及影响力系数、感应度与感应度系数，营业盈余系数、最终消费系数和出口系数等重要指标。从而分析了旅游业的前后产业关联效应和产业波及效应及旅游业的其他宏观效应。

第 6 章，中国旅游业发展的思考与对策。通过以上对游业收入效应、就业效应、产业关联及波及效应分析，在分析研究中发现中国旅游业经济发展中的一些事实和现象。并对这些事实和现象从八个方面进行了思考，提出了中国旅游业经济发展的对策。

第 7 章，研究的结论与展望。对研究工作进行了总结；并对进一步的研究方向进行了简要的讨论。

1.4 研究方法与技术路线

1.4.1 研究方法

1. 理论与实践相结合的方法

理论与实践相结合的方法，是研究社会科学特别是经济科学的常用方法。理论是实践的总结，并指导实践。然而，实践是丰富多彩，而理论是不断变化的，会随着实践地不断发展而产生新的问题、新的情况、新的矛盾，这就需要对原有理论进行验证和完善。只有将理论与实践相结合，才能把握事物的本质，才能发现其规律性。

研究旅游业经济效应，也要用到理论与实践相结合的方法，这是因为旅游业经济效应研究尚未形成完整的理论体系，有待于在实践中不断总结、不断丰富和完善。特别是 20 世纪 90 年代以来，旅游业迅速发展，其发展速度超过了国民经济中的许多产业，成为国民经济体系中发展速度最快的产业之一，成为第三产业的龙头产业，也是国民经济的重要产业。正是因为旅游业得到前所未有的大发展，因而也出现许多新情况、新问题、新趋势。在这种情况下，研究旅游经济关系及其运行规律，经济影响和作用于旅游经济活动的基本经济因素，必须联系实践，从实践中总结出新的理论，以充实和丰富旅游经济学的内容。

2. 系统分析的方法

系统分析法是一种新型的研究方法，它是建立在信息系统基础上的归纳总结式的分析方法。它的最大优点在于从事物发生、发展的系统上把握事物的内在联系及其规律性，并且能克服研究问题中出现的片面、狭隘、孤立和静止。旅游经济虽属于国民经济系统中一个分支，但其本身也是一个较大的系统。因此，只有运用系统论分析法，才能较全面地揭示旅游业经济影响的因果关系并从其发展中发现规律。

3. 定性与定量相结合的方法

在定性分析的基础上，运用数学模型和统计分析完成定量研究。定性分析有助于分析旅游业经济效应的相关概念和理论，了解我国旅游经济发展的现状和特征，明确旅游业国民经济发展中的重要地位及旅游业对目的地经济的影响。定量分析则在定性分析的基础上，以投入产出模型为基础，分别研究旅游业收入效应、就业效应和产业关联及波及效应等多方面的旅游业效应。

4. 投入产出分析法

投入产出模型是分析旅游业经济影响最具综合性的方法。投入产出分析的关键是建立一个包括旅游部门在内的各个经济部门的投入产出状况表。对旅游部门与其他部门关联的矩阵进行计算，即可获得旅游对于整个经济影响的数值。投入产出模型是旅游乘数分析中最好的工具，其结论对于决策者有很高的实用价值。本书以《2002 年中国投入产出表》和《2007 年中国投入产出表》为基础，建立相关投入产出模型，并利用投入产出表提供的丰富数据，测算了旅游业产出乘数、就业乘数、就业容量及对国民经济的贡献，测算了旅游业的消耗系数、分配系数、影响力系数、感应度系数等重要指标，从而分析了旅游业的收入效应、就业效应、产业关联及波及效应和旅游业的其他宏观效应。

1.4.2　技术路线

本书总的研究方法是以时间序列协整理论、投入产出理论及旅游卫星账户理论等为主要研究工具，总结过去所做的大量旅游相关研究中的经验和教训，吸收目前国内外相关研究成果，分析各种旅游业经济效应，提炼出旅游业发展中与国民经济之间的关系。

本书的技术路线如图 1.6 所示。

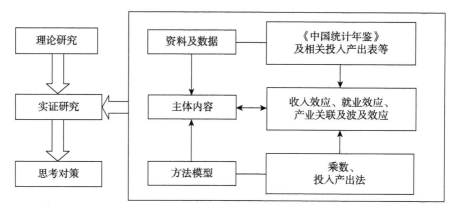

图 1.6   研究思路及框架图

第 2 章　旅游业经济效应理论分析

2.1　旅游业经济效应相关概念

2.1.1　旅游业

旅游业的定义是，以旅游资源为凭借，以旅游者为对象，为其旅游活动创造便利条件并提供所需商品和服务的综合性产业。同其他传统产业相比较，这个定义主要强调了以下三点：①旅游业是以旅游资源为依托的；②旅游业服务的对象是旅游者；③旅游业是一项综合性的行业。不论如何界定旅游业，旅游业都是将旅游者和旅游供给联系起来的媒介，在一国或地区经济中，扮演了重要角色（田里和牟红，2002）。

旅游业可分成广义旅游业和狭义旅游业。广义旅游业是指为满足游客在旅游中对交通、通信、游览、娱乐、餐饮、住宿、购物、生活服务等需求而提供服务或货物的行业，包括交通运输业、通信业、生活服务业（含旅馆、旅行社、文体康乐业等）、餐饮业、商业等行业中与旅游者的消费直接有关的部分（石长波，2002）。狭义旅游业借用《2007 年中国投入产出表》部门分类解释："即旅行社的活动，指为社会各界提供商务、组团和散客旅游的服务。包括向顾客提供咨询、旅游计划和建议、日程安排、导游、食宿和交通等服务，还包括导游活动。"（中华人民共和国国家统计局国民经济核算司，2009）。狭义旅游业限定为旅行社业。

对于旅游业是否为产业，国内外都有过很多争论。对旅游业经济效应进行分析时，这个争论是不存在的。在旅游业经济效应的研究中，比较困难的不是旅游业能否称为产业，而是作为产业的旅游业其所指是什么。

笼统地说，可以将所有为人们进行旅游活动提供产品和服务的企业或产业都纳入旅游业的范畴当中。例如，在两个广为引用的定义中，里玻（Leiper，1979）认为"旅游业包括所有服务于旅游者需求的企业、组织和设施"，李天元（2003）认为旅游业是"以旅游者为对象，为其旅游活动创造便利条件并提供所需商品和服务的综合性产业"。

为了更方便地对旅游业进行讨论，可以对旅游业进行层次划分。例如，史密斯曾经将旅游业划分为两个层次：第一层次旅游业是指这样一些企业的总和，如果不存在旅游，这些企业就不会存在；第二层次旅游业则指这样一些企业的总和，如果不存在旅游，这些企业就会显著衰退（Smith，2000）。实际上，他通过层次划分界定了一个旅游产业范围，将那些虽为旅游者提供产品，但对旅游依赖不显著的行业剔除出旅游业。不过，有些行业虽然对旅游没有依赖，但是却为旅游者提供产品和服务。因此，本书认为广义的旅游业可以在史密斯（Smith，2000）的基础上加上一个第三层次旅游业，即指同类一些企业的总和，旅游业的存在有利于这些企业的发展，但是它们对旅游的依赖并不显著。

因此，本书认为广义的旅游业包括了上段提到的三个层次，其是指为满足游客在旅游中对交通、通信、游览、娱乐、餐饮、住宿、购物、生活服务等需求而提供服务或货物的行业，包括交通运输业、通信业、生活服务业（含旅馆、旅行社、文体康乐业等）、餐饮业、商业等行业中与旅游者的消费直接有关的部分。狭义的旅游业，即为《2007年中国投入产出表》所界定的旅行社业。

2.1.2　旅游与旅游业

"旅游"从字面意思上很好理解。"旅"是旅行、外出，即为了实现某一目的而在空间上从甲地到乙地的行进过程；"游"是外出游览、观光、娱乐，即为达到这些目的所作的旅行。二者合起来即为旅游。

从理论上看，旅游和旅游业无论是在内涵还是外延上，都是一个性质不同的概念。旅游是个人以前往异地寻求愉悦为主要目的而度过的一种具有社会、休闲和消费属性的短暂经历。旅游业则是指直接为旅游者的旅游活动提供产品和服务的行业的总称。旅游是旅游者所做的"某些事情"，而旅游业则是旅游经营者的事情，而二者的区别可谓泾渭分明。

然而，对旅游和旅游业的混淆却不仅时常出现在外国学者的论著中，多年来也一直困扰着中国旅游理论界和旅游业界，这在很大程度上造成了人们对旅游业的产业地位认识的混乱，给旅游业的发展带来了不利的影响。从产业属性来看，旅游是一种相差悬殊的经历或过程，不是一种产品；旅游是一种社会现象，不是一种生产性活动，所有旅游者支出的总和并不是这一组相似企业的收入所得。因此，旅游不是一种产业，充其量只是一些产业的集合。而从旅游业角度来看，对照产业的特征与标准，并从产业经济学的视角来详细地分析和考察旅游业，便可以得出肯定的答案，即旅游业是产业，因为旅游业具备产业的特征，符合产业的标准；从消费角度看，旅游者享受旅游业所提供的服务，而一般消费者享用某产业所提供的产品，这是没有本质的区别的；从供给角度看，生产产品提供给消费者与生产旅游产品提供给旅游者在本质上是一致的，没有大的区别。因此，从供给的角度来看，旅游业显然也具备产业的特征。

2.1.3 旅游产业与旅游业

1. 旅游产业

国内外学术界对旅游产业的内涵及外延有不同的理解，因而对旅游产业的定义有多种提法，大体可分为广义和狭义两种。广义的观点认为，旅游产业是为旅游者服务的一系列相互关联的行业；狭义的观点认为，旅游产业是在旅游者和住宿、餐饮、交通等有关单位之间联络，通过为旅游者导游、交涉、代办手续，并利用本企业的交通工具、住宿设备等为旅游者提供服务并从中收取报酬的行业（张凌云，2000）。两种观点都有其局限性，即广义的观点过于泛化，对旅游产业的外延界定不清；而狭义的观点又过于狭窄，未能准确把握旅游产业的本质内涵。

旅游产业是一个消费趋向型产业，它是应旅游者的需要而产生的综合性、跨行业、跨产业的产业，具有强大的联动性。旅游产业几乎涉及所有传统意义上的产业，这些产业都或多或少地与旅游产业在经济上产生直接或者间接的联系。总结起来，如图 2.1 所示，旅游产业的产业结构由里向外依次可以分为三个层次，即提供核心旅游产品的旅游资源开发业，提供组合旅游产品的旅行社业、旅游饭店业、旅游商品销售业、旅游交通业，以及为旅游业提供相关服务和支撑的关联行业群（成伟光等，2005）。

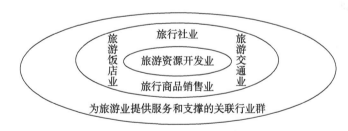

图 2.1　旅游产业的产业构成

资料来源：张凌云. 2000. 试论有关旅游产业在地区经济发展中地位和产业政策的几个问题. 旅游学刊，

32（1）：10-14

旅游产业所表现出的综合性、复杂性、层次性和系统性，正是旅游产业内涵的特殊性之所在。基于上述认识，将旅游产业定义如下，旅游产业是为旅游者提供以旅游服务为核心的综合服务的企业和行业的集合体。

2. 旅游业与旅游产业的辨析

旅游产业和旅游业是两个既有联系又有区别的概念，二者分别属于两个不同的层次，从产业范围上看，二者也具有明显的区别。旅游业是指直接为旅游者的旅游活动提供产品和服务的行业的总称，在一定的意义上可以将旅游业称为旅游行业；它包括旅游饭店业、旅游交通业、旅行社业、游览娱乐业（旅游资源开发业）、旅游商品经营业（旅游商业）5 个行业；旅游业的经营活动是直接围绕着旅游者的食、住、行、游、购、娱等活动来展开的，形成了以旅游者为直接服务对象的行业群（王慧敏，2008）。从行业构成来看，旅游业明显属于第三产业的范围。

　　而旅游产业所包括的范围则要比旅游业宽泛得多，它是一个企业和行业的集合体。旅游产业所包括的行业涉及第一产业、第二产业及第三产业的众多行业。这些行业主要包括：旅游业本身所包括的行业；为旅游业提供物质支撑的属于第一产业的农业、林业、畜牧业和渔业的相关部分；为旅游业提供物质支撑的属于第二产业的轻工业、重工业和建筑业等部门和行业中的相关部分；属于第三产业中的邮电通信业、金融业、保险业、公共服务业、卫生体育业、文化艺术业、教育事业、信息咨询服务业等行业中的相关部分，以及国家机关中与旅游相关的部门，如旅游行政管理部门、海关、边检等（张陆等，2001）。关于旅游产业和旅游业的关系，可以用图 2.2 表示。

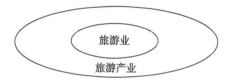

图 2.2　旅游业和旅游产业的关系

资料来源：唐松，李镔. 旅游产业对国民经济波及的分析. 湖湘论坛，2010，23（4）：92-94

3. 旅游业的产业特性

　　旅游产业作为一个相对独立的经济产业，它是伴随着社会生产力的发展和社会分工的深化，人民生活水平的不断改善和提高，以及人们对旅游需求的不断增长，而逐步从其他产业中分离出来的。因而，旅游产业除了具有一般产业的基本特征外，还具有自身的产业特性。

1）生产过程的服务性

　　旅游产业的生产过程就是为游客提供各种满足其旅游需求的旅游服务的过程。在这一过程中，游客的旅游需求既包括低层次的食、住、行等需求，又包括高层次的游、购、娱等需求，而无论是低层次的基本需求，还是高层次的精神享受需求，都需要旅游产业的从业者通过各自的劳动向游客提供面对面的服务来实现（唐松和李镔，2010）。从这个意义上来说，旅游业属于劳动密集型的产业。

2）强依托性

旅游产业属于高层次的需求，只有在第一产业、第二产业发展到一定水平，且人们收入水平提高到一定程度以后才能发展起来。而且，旅游消费的多层次性、旅游活动的多样性和社会化决定着旅游业与国民经济中许多产业部门在产品消费上高度相关，与许多行业有着密不可分、亦此亦彼的联系，还直接地依赖一些社会文化、政治经济、自然环境等方面的因素。此外，旅游目的地旅游资源的丰度和质量、旅游相关部门的协调配套发展、自然环境的优良、社会政治的稳定等，又决定着有效的旅游需求能否实现，决定着旅游业经营活动能否正常运转（钟冲，2009）。因此，地方旅游产业的发展过程，实质就是当地社会经济环境得以不断改善的过程，这无疑有助于当地投资环境的优化，促进国民经济的更快发展。

3）高关联性

旅游业虽然是一个非生产性行业，但它的带动功能很强。旅游产业本身包括支撑其生存和发展的基本行业，并涉及许多相关行业、部门、机构和公共团体。因此，旅游产业的发展实质就是这些直接为旅游者提供服务的基本行业的发展。这些基本行业在为旅游者提供服务时需要硬件装备，需要消耗食品、饮料，需要日用品，需要各种技术技能、各种文化层次的劳动者，以及各种生产性服务产品等，从而带动三大产业中一大批行业和部门的发展。旅游业发达的国家，旅游产业往往成为第三产业乃至整个国民经济中具有先导性与带动性的产业。在经济发展过程中，旅游业也往往因此而成为产业结构高级化的重要力量（钟冲，2009）。

4. 旅游业的产业构成

关于旅游业的产业构成，国内外有很多观点，存在分歧。目前学术界较有代表性的观点可概括为支柱行业论、要素论、产业群体论、层次论、产业集群论等。

1）支柱行业论

早期观点认为旅行社业、交通运输业和住宿业是旅游业的三大支柱。后来又有学者认为旅游业除了包含以上三个部门之外，还包括旅游商品业，即四大支柱。四大支柱的组成还有分歧，张涛（2003）在分析传统的支柱说的基础上，认为旅游业的支柱性行业构成应为四个行业，但以"旅游景区（点）"代替旅游商品业，即旅游景区（点）业、旅行社业、旅游交通业和旅游饭店业，并且重点强调了旅游景区（点）在旅游业中的核心地位。而石长波（2004）则以休闲娱乐业代替旅游商品业。从旅游目的地角度划分，部分学者认为旅游业由五个主要部分组成，除传统的三个部门之外，还应包括游览场所经营部门和各级旅游管理机构，即五大部门论（李天元，2003）。这是旅游业构成的传统认识，也是目前的主流观点，多数教材引用并赞同这一观点。邹春洋和单纬东（2005）则对旅游业构成进行了综合，在承认五大部门的同时，认为旅行社业、旅游饭店业、旅游景区业和旅游交通为旅游业的四大支柱，构成旅游业的主体内容。

支柱行业论，由最初的三大支柱，到后来的四大支柱和五大部门，是认识趋于全面和深化的过程，如把景区、景点纳入支柱部门，但也存在如下问题：首先，观点不统一，支柱行业组成有分歧。即便是名称相同，但所指却不一致，朱玉槐和刘伟（1999）所指旅游商品是除旅行社、旅游交通和旅游饭店等服务产品以外，旅游者在旅游活动中所采购的有形的实物，比其他学者的要宽泛。其次，"个数"不稳定，有人提出过六个支柱、七个支柱，也有人提出过八个方面说（乔正康，2000）。最后，本书认为它不符合逻辑。交通运输业是一个独立定义和统计测算的产业，它的客运业务对象是旅客（包括游客，但在技术和操作上不可能区分游客与旅客）。交通业的发展并不依赖旅游产业，因此不宜把交通业界定为旅游产业的支柱组成（师守祥，2007）。

2）要素论

传统的"六要素论"认为旅游产业是指旅游活动中的食、住、行、游、购、娱这六要素，相对应的旅游产业应包括餐饮、旅馆住宿设施、交通、旅游景区（点）、旅游购物商店和娱乐场所部门。

Lundberg（1980）在 *Tourism Economics* 中认为，旅游业由餐馆、住宿设施、交通设施、杂类、旅游点开发、娱乐设施、旅游研究、旅游吸引物、促进旅游者、政府办事机构这十部分组成。《中国旅游统计年鉴》（副本）中旅游业包括了旅游管理机构、旅行社、旅游涉外饭店、旅游车船公司、旅游商贸服务公司和其他旅游企业。《旅游产业统计研究》课题组的文章认为，旅游产业的界定应紧紧围绕"吃、住、行、游、购、娱"这六要素，以第三产业中的相关行业为主进行。

在应用研究方面，为了对旅游业的经济贡献进行测算、评价，研究者各自界定了互不相同的旅游产业组成。唐伟昌等（2005）组成的课题组在对宁波市旅游产业对生产总值贡献的测算中，选取了与旅游较为密切的行业，测算出旅游业的增加值。他们认为旅游业包括交通运输业、邮政业、电信业、零售业、住宿业、餐饮业、保险业、旅行社、游览景区管理、野生动植物保护、文物及文化保护、博物馆、烈士陵园、纪念馆、娱乐业及其他相关行业。《北京市旅游卫星账户 2002》把城市公共交通、批发和零售业、邮政业、信息传输服务业、邮电、文化艺术及广播电影电视业、体育事业、娱乐业、文化事业等传统上不属于旅游的产业也纳入其中。张帆等（2003）在研究旅游业对秦皇岛区域经济发展贡献度过程中，提出旅游产业链包括 6 个旅游基本行业（对应旅游六要素）、12 个旅游直接影响行业、47 个旅游间接影响部门及 20 个旅游引致影响部门，行业总数达 85 个。

旅游活动的开展需要六要素，但产业范围不等于产业要素（高舜礼，2007）。

本书认为，旅游活动的主体是人，凡是人生活中需要的，旅游过程中也需要。从逻辑上讲，若按需求要素来界定（旅游）产业，那么所有的产业都可纳入旅游产业，则世界上就只有旅游一个产业了，产业分类本身也就失去意义了。

3）产业群体论

王洪滨（2004）认为，旅游业由直接旅游企业、辅助旅游企业和开发性组织构成。其中直接旅游企业包括旅行社、饭店、餐馆、旅游商店、航空公司、车船公司、旅游景点、游乐场所等；辅助旅游企业包括饭店管理公司、旅游商品服务公司、旅游影视、广播、出版事业，也包括某些旅游地的基本供给和服务，以及给排水系统、热电系统、洗衣店、食品店、通信设施等；开发性组织是指有关旅游的政府机构，如旅游局、海关、公安局、财税局、文物局、园林局、旅游院校、科研机构等。谢春山等（2005）认为旅游产业是旅游业和旅游关联产业的总和，而不仅仅是旅游业本身。其中旅游业包括旅游地、旅游饭店业、旅游交通运输业、旅行社业和旅游商品经营业。张陆等（2001）认为旅游产业包括旅游业和为旅游业直接提供物质、文化、信息、人力、智力、管理等服务和支持的行业。因此，旅游产业所包括的行业涉及第一产业、第二产业和第三产业的众多行业（张陆等，2001）。在他们看来，旅游产业是一个由第一产业、第二产业和第三产业中的诸多行业和部门复合而成的一个综合性产业群体。

本书认为，群体论界定旅游产业时有的用企业，有的用行业，有的用产业，比较混乱。所界定的旅游产业涉及面太宽泛，而且互相重叠，难以掌握。

4）层次论

要素论及产业群体论者界定的旅游产业无所不包、过于庞大，看似全面，实则趋于虚无。把广播电视、热电系统、石油开采，甚至公安局等都包含在内的旅游业显然是难以描述的，产业地位的衡量指标难以确定。为了方便讨论，有的学者（宋子千和廉月娟，2007）认为应对旅游业进行层次划分。张立生（2005）按照马斯洛的需求层次理论，将旅游业分为三个层次：第一个层次包括旅游餐饮业、旅游住宿业、旅游交通业，称为基础层次产业；第二个层次包括旅游购物业，并称为中间层次产业；第三个层次包括游览业和娱乐业，称为核心层次产业。罗明义（2007）将旅游产业划分为旅游核心部门、旅游依托部门和旅游相关部门三个层次。世界贸易组织的旅游卫星账户就是层次论，把各种产业按照与旅游活动的关联程度划分为旅游特征产业、旅游相关产业和其他产业。传统的五大部门是旅游特征产业，而零售业等是旅游相关产业，饮用水、汽油是旅游者需要购买的，所以列为其他产业。宋子千和郑向敏（2001）把旅游产业划分为旅游相关行业、旅游基本行业和间接旅游相关行业，与世界贸易组织的划分基本对应。

本书认为，层次论虽然注意到不同行业与旅游业的关系是有区别的，不能一概而论。但面临的问题除了辨别其他产业与旅游业关系的亲疏是主观的、臆想的、困难的外，衡量旅游业的产业地位与贡献更为复杂了，如旅游经济在国民经济中的份额，就对应一组数据，应分别测算、说明。

5）产业集群论

自从 1990 年美国经济学家迈克尔·波特（Michael E. Porter）正式提出产业集群（industrial cluster）的概念以来，其在区域经济研究领域受到高度重视。2001年，中国学者首次发表以"产业集群"为篇名的理论文章，2002 年华夏出版社出版了迈克尔·波特的《国家竞争优势》一书（波特，2002）。由于它论述的是区域竞争力、知识与技术的创新等热点问题，其影响在中国社科界迅速扩展。产业集群理论是区别于传统的梯度推移论、增长极理论、古典区位论的新型区域经济发展理论，主要着力于外部规模经济和区位理论等，对中国区域经济研究促进很大。

2003 年出现了中国第一篇"旅游产业集群"的文章，2006 年以后显著增多。宋振春等（2004）认为，旅游业的"支柱说"不适合"大旅游"发展趋势，并且认为旅游业是依托旅游吸引物，为旅游者提供综合旅游产品与服务的产业集群。旅游产业集群构成包括核心层、直接支撑层和间接支撑层三个层面，其中核心层是指旅游吸引物，直接支撑层包括旅行社业、餐饮和住宿业、交通业，间接支撑层包括基础设施和公共服务。

庄军（2005）认为，旅游产业是一个涵盖了第一产业、第二产业和第三产业，由众多行业构成的产业群体。旅游产业集群以区域内的旅游资源为核心，在其外部形成多层次的产业集群，并与其他产业集群相联系。夏正超和谢春山（2007）认为旅游产业具有"集群"性，并界定了其组成。

本书认为，产业集群是指在某一特定领域内互相联系、在地理位置上相对集中的公司和机构的集合。产业集群作为一种为创造竞争优势而形成的产业空间组织形式与产业的性质并无直接的联系。用旅游产业集群界定旅游产业的行业组成，是对经济学"产业集群"概念字面含义的朴素理解，是对区域经济研究中的产业组织理论的机械引用。产业集群研究的是产业的空间布局、小企业的外部经济问题，不是产业自身的构成问题，因此用旅游产业集群界定旅游产业是不恰当的。

目前，关于旅游业的组成众说纷纭。不是没有确定，就是不被认可。本书认为作为旅游业的旅游产业组成的界定应该坚持以下原则。

（1）概念明确、可描述。作为经济研究的旅游产业，要得到可持续的发展支持，首先就必须对其经济地位与贡献、产业发展演化的本质规律等做出科学的回答。研究和回答这些问题必须要能够获得有效的数据。获得数据，首先要求所界定的旅游产业，其概念必须是明确的；其次要求概念与变量之间的关系也是明确的、可描述的。目前，多数学者提出从需求方面对旅游产业进行界定，旅游活动是人的"位移"过程，与人的需求相一致，这种需求不仅是多方面的，而且是不断变化扩展的，这就导致旅游产业的范围总在扩大中，概念与变量关系无法描述，阻碍了旅游经济研究的深入。目前，我国的旅游统计中出现的口径不一致、分类不连续、指标体系不健全等问题皆因概念不明确而生。

（2）边界清晰、可测量。旅游产业所包含的部门边界应是清晰的、可以测量的。现在盛行的"大旅游"概念及旅游业群体说，使旅游产业构成"泡沫化"。目前的情况是除了旅行社外，其他被称做旅游业构成的部门，其经营收入并非完全是从游客那里得到的，这样在测算旅游产业的经济贡献时，便不能把旅游业的各组成部分从其他产业中剥离出来，使旅游业成为不能独立统计测量的产业。产业界限虚化导致统计部门和人员按各自的理解进行统计，使其数据统计口径大小不一，在横向上无法汇总、无法比较。产业界限的不断变化使统计数据失去时间序列的可比性，也就是说在经济学上无法描述。

（3）符合经济学规范、具有广泛的认可度。由于在我国旅游管理部门、学界普遍存在一种急切地想证明旅游业的重要性，特别是旅游产业的经济贡献的思想，因此在界定"旅游"、"旅游者"及"旅游产业"等核心概念时容易出现外延扩大化倾向，以及盲目扩大范围。例如，有的学者认为，尽管我国公众对把探亲访友、健康医疗、商务旅行、专业访问、宗教朝拜等统计为旅游的认知度不高，但从建设世界旅游强国的需要、扩展旅游行业管理的空间等出发，应从统计定义出发，深化对旅游的认识。这种思想反映在旅游产业范围的界定上，就是把与旅游活动有关的行业囊括进来，失去社会的认可。

旅游产业只是国民经济中诸多的产业之一，没有超然性。旅游经济的研究要获得社会的认可与尊重，就必须跳出"旅游"来研究"旅游"。旅游产业范围的界定，不仅要获得旅游研究者的认同，而且更要获得旅游界以外研究人员的认可。

2.1.4　旅游经济效应与旅游业经济效应

是"旅游经济"还是"旅游业经济"，这是一个研究对象是否明确的问题。"旅游经济"和"旅游业经济"是两个不同的概念，前者指包括后者在内的、体现为社会现象的宏观旅游活动范围内部以及与社会有关方面发生的经济关系，后者只指旅游业的经营业务与旅游者，尽管在与社会有关方面发生的经济关系上，都使用了"旅游经济"的名称，但在成果集里却仅只限于"旅游业经济"（申葆嘉，2003）。将"旅游经济"和"旅游业经济"区分开来是一件很难的事情。正如申葆嘉（2003）所讲，将在相关研究的成果集里都仅限于"旅游业经济"。本书亦是如此，分析对象是旅游业经济效应，在书中某些地方可能无法避免出现的旅游、旅游经济效应，其实质上都仅限于"旅游业"和"旅游业经济效应"。

2.2 旅游业经济效应解析

2.2.1 旅游业经济效应的内涵

1. 旅游业经济效应的含义

旅游业的经济效应又称为旅游业的经济影响，是指旅游业发展对一个国家或地区所产生的直接经济影响和间接经济影响的总和，即旅游活动引发的消费、投入、支出等在接待国经济中的渐次渗透，也即该国的经济产出总量、就业机会和家庭收入等产生变化，尤其是经济总量的倍数增加。毫无疑问，现代意义上的旅游业总是表现为与经济要素之间相互依存的关系，很多地区发展旅游业也主要是基于它的经济利益考虑。随着旅游业的进一步发展，旅游产业对目的地地区经济的影响也会越来越大。

以旅游收入及其分配为例。旅游业经济效应表现在三个阶段：第一阶段是直接影响阶段，是旅游者在旅游目的地的各项消费，将消费资金直接注入各个特征旅游企业和部门，饭店、旅行社、商店、景区、交通等部门的产出价值实现，并获得收益；第二阶段是间接影响阶段，旅游特征企业将新增加的营业收入用于补充原材料、维修设备、交纳税金、支付其他营业费用，从而使其他部门产出价值得以实现，获得收益；第三阶段是引致影响阶段，由于员工工资收入的消费，进一步推动旅游影响，刺激整个经济活动扩大。引致影响的作用非常客观，有些国家和地区的计算表明，引致影响相当于间接影响的三倍（刘迎辉，2010）。

2. 旅游业经济效应的类型

关于旅游业经济效应的类型，目前学术界常用的分类方法有如下几种。

1）按照经济效应价值的性质分类

按照旅游业经济效应价值的性质划分，可将其分为正面经济效应和负面经济效应：①正面经济效应，即地区旅游业的发展对本地区所产生的积极的、有利的作用或影响，如增加地方财政收入、为本地居民提供就业机会等；②负面经济效应则与之相反，是指不合理的旅游发展给旅游目的地带来的通货膨胀、物价上涨等影响，从而使国家（区域）经济发展变得不稳定（孟娜，2010）。需要指出的是，虽然旅游业经济效应有正面效应和负面效应之分，但是针对某一具体的旅游目的地来说，这两种经济效应是可能同时存在的，区别在于，这两种经济效应发挥作用的范围和强度是不相同的。例如，旅游业发展会增加旅游目的地国家或地区居民的人均收入，同时它也会造成物价上涨，甚至引发通货膨胀等，并且对于旅游目的地国家或地区来说，在某些时间段内旅游业的经济效应可能是正面的，但在某些时间段内也可能是负面的（吴国新，2003）。目前研究的主要是旅游业的正面经济效应，而负面经济效应因为缺少相关的指标无法进行定量或者定性分析。本书所分析的经济效应也是指正面经济效应。

2）按照表现形式分类

按其表现形式，旅游业经济效应可分为显性经济效应和隐性经济效应。显性经济效应是指旅游业发展对区域经济的直接影响，也可以称为直接经济效应。例如，旅游景区、景点的门票收入，住宿、旅行社或餐饮业等部门的营业收入，还有因旅游业发展而直接增加的就业岗位等，都属于旅游业的直接效应。隐性旅游业经济效应指无法在从外在观察到的经济效应，包括间接经济效应和诱导经济效应，具体如下：间接经济效应是指旅游收入通过初次分配和再分配过程给旅游目的地国家或地区带来的个人收入的增加、产出水平增加、就业岗位的增加等；诱导经济效应是指旅游者在旅游目的地的消费会提高旅游目的地国家或地区相关行业职工的工资水平，职工利用工资购买生活用品，带动当地消费总额增加，这种旅游者消费导致的经济效应被称为诱导性经济效应（吴伯磊，2008）。

3）按照旅游业经济效应产生的时间分类

按旅游业经济效应产生的时间，可将其分为即时经济效应和滞后经济效应。即时旅游业经济效应是指随着旅游业发展而即时产生的经济效应。它随着旅游收入流入旅游业内各相关行业，能够在第一时间监测到，如景区的门票收入。滞后经济效应则是指当前看不到、摸不着的，潜在而未发生的经济效应，它在时间上有一个滞后性，经历一个逐渐积累的过程。

3. 旅游业经济效应与旅游业经济效益

旅游业的经济效应又称为旅游业的经济影响，是指旅游业发展对一个国家或地区所产生的直接经济影响和间接经济影响的总和。旅游业经济效应是旅游活动对经济的倍数促进影响。旅游业经济效益是人们在旅游经济活动中的投入与产出之比，用价值形式表示就是生产旅游产品的费用和销售旅游产品的收入之间的比较，即二者的差额为旅游业经济效益（毛剑峰，2005）。旅游业经济效应能从根本上发掘旅游活动的经济价值。这与通常所说的旅游业经济效益是不一样的。效应是指在有限环境下，一些因素和一些结果而构成的一种因果现象；效益则不同，它是指项目对国民经济所做的贡献，包括项目本身得到的直接效益和由项目引起的间接效益；效应和效益是旅游经济的两种陈述，二者的范畴、衡量标准等都不同（刘迎辉，2011）。旅游业经济效应就是旅游业的经济影响，即旅游活动引发的支出、消费、投入等在接待国经济中的渐次渗透，该国的经济产出总量、就业机会和家庭收入等产生变化，尤其是旅游业经济效应能从根本上发掘旅游活动的经济价值。这与通常所说的旅游业经济效益是不一样的。效应和效益是旅游经济的两种陈述，二者存在包含范畴及衡量标准等方面的不同。旅游业经济效应与旅游业经济效益的差别表现在以下方面。

1）范畴不同

旅游业经济效应的研究源于经济学中乘数及乘数效应的概念，是对旅游消费引起的外生经济变量的判断，包含价值判断和非价值判断；旅游业经济效益是基于投入产出来判断相对于成本而言的产出比例。成本相同，产出大，意味着效益高；产出相同，成本高，则意味着效益低。因此，旅游业经济效益是流量，属于价值判断（杨俊情和王晶，2011）。

2）出发点不同

旅游业经济效益的提出在于，旅游企业的经济活动，不仅可以带来本企业经济收入的增加，也会带来社会经济收入的增加，即从劳动生产率的角度评价收益（郭伟等，2003）。一般强调相同的投入，如果产出越大则效益越好。而旅游业经济效应则不同，它是从旅游活动开始，旅游活动的消费性产生这种消费现象的经济成果评价。因此，这种评价既有消费引起的产出增加，又有消费引起的连锁反应评价。

3）衡量标准不同

旅游活动对某一国家或地区的经济影响表现在经济运行中分配与再分配的过程内。随着经济循环的前进发展，旅游消费不仅创造了数倍于消费的国民收入，还在创造就业、资本形成等方面表现出旅游业的重要产业作用。因此，全面衡量旅游业经济效应需要一套完整的指标体系。这些指标，一方面能反映旅游业促使的国民经济总量的增加值，即旅游业国内生产总值；另一方面又能反映旅游业发展过程中，特征旅游产业和相关旅游产业自身发展的能力，以及产业间关联能力（张凌云，2000）。旅游业经济效益包括两大范围：一是各类旅游企业在旅游活动中投入和产出的比较，即微观经济效益；二是一个国家或地区在旅游经济活动中的劳动消耗与劳动成果的比较，即总投入与总收入的比较，通常称为宏观经济效益（张淼，2008）。衡量旅游企业经济效益的指标包括销售利润率、总资产报酬率、资本收益率、资本保值增值率、资产负债率、流动比率、应收账款周转率、社会贡献率和社会积累率。衡量宏观经济效益的主要指标包括投资效果、投资回收期、劳动生产率、就业率、外汇收入能力、接待能力和边际收益率。

2.2.2　旅游业经济效应的形成

1. 旅游收入

旅游收入是旅游业经济效应形成的基础，是衡量某一国家或地区旅业业发展程度和旅游业经济收益的重要指标。旅游收入对平衡国际收支、促进经济发展有着重要作用。它是指旅游目的地在一定时期内（以年、季度、月为计算单位），通过销售旅游产品所获得的全部货币收入。旅游产品是一种组合产品，由此决定旅游收入是多样的。它不仅包括旅行社向旅游者销售整体旅游产品所获得的收入，也包括各类旅游企业向旅游者提供交通、住宿、餐饮、游览、娱乐等单项旅游产品所获得的收入，还包括旅游目的地通过向旅游者出售旅游商品和其他劳务所获得的收入。从旅游消费的阶段看，旅游收入包括旅游活动出发前旅游消费收入、旅游活动中旅游消费收入和旅游活动结束后旅游消费收入。因此，对应不同旅游产品、不同消费区域，旅游收入会流入不同的收入主体。

　　旅游收入按照不同的标准分为以下几类。

　　（1）按照旅游收入的性质，旅游收入分为基本旅游收入和非基本旅游收入。基本旅游收入是指旅游部门和交通部门向旅游者提供旅游设施、旅游物品和旅游服务等所获得的货币收入的总和，即旅游者在旅游过程中必须支出的费用。如果没有旅游者及旅游者的这种消费，旅游企业和部门将会出现严重的滞销和明显的收入减少。因此，这部分旅游收入是旅游业经济效应的支撑。非基本旅游收入是指其他相关部门向旅游者提供设施、物品和服务所获得的货币收入，即旅游者在旅游过程中可能发生的消费支出，如邮电通信费、医疗保健费、修理费、咨询费及购物的费用等。旅游者及其消费的下降不会明显影响这些部门和企业旅游收入的降低。

　　（2）按照旅游收入的来源，旅游收入分为国内旅游收入和国际旅游收入。国内旅游收入是指经营国内旅游业务所获得的本币收入。它来源于国内居民在本国的旅游，实质上是产品价值的实现过程，属于国民收入再分配范畴，不会增加国民收入。国际旅游收入是指经营入境旅游业务所获得的外国货币，通常被称为旅游外汇收入。它来源于外国旅游者在旅游目的地的境内旅游消费，是社会财富在不同国家之间的转移。它表现为目的地国家或地区社会价值总量的增加。在实际统计中，国内旅游收入与国内旅游消费是相等的。国际旅游收入与国际旅游消费则不相等，具体如下：

国际旅游收入=国际旅游消费–国际间交通费–外国旅游商利润

　　2. 旅游收入的分配

　　与国民收入分配方式相同，旅游收入也经过初次分配和再分配两个过程。

　　（1）旅游收入的初次分配。旅游收入的初次分配主要是在直接经营旅游业务的部门和企业之间进行，即在饭店、旅行社、交通运输、游览和娱乐等核心旅游企业之间进行，见图2.3。旅游收入包括生产旅游产品所耗费的物化劳动和活劳动的价值补偿部分、上缴的税金和旅游企业利润。

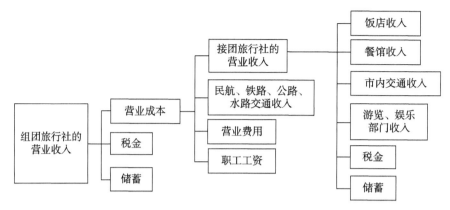

图 2.3　旅游收入初次分配图

资料来源：罗明义. 旅游经济学原理. 上海：复旦大学出版社，2004

（2）旅游收入的再分配。旅游收入的再分配是在间接从事旅游服务的部门间或企业间进行，见图 2.4。

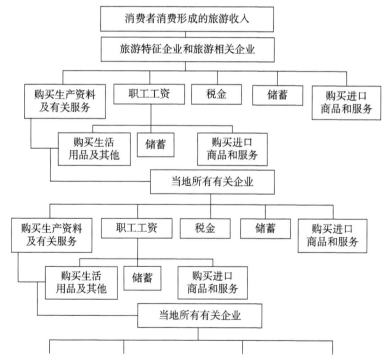

图 2.4　旅游收入在旅游目的地经济中的流动示意图

资料来源：李天元. 旅游学概论. 天津：南开大学出版社，2003

旅游收入的再分配的主要形式和内容如下。

第一，旅游企业为了进行再生产，补偿消耗掉的物质设备和原材料，进而购买有关生产资料。特征旅游企业的再生产运动将一部分旅游收入转移到供应生产资料的有关部门和企业。

第二，旅游企业为了进行再生产，还必须补偿活劳动的消耗，企业职工要购买各种生活资料来满足他们的物质和文化需求。因此，直接从事旅游业务的企业和部门与供应生活资料的部门发生经济联系，在初次分配中以工资形式存在的一部分旅游收入转移到供应生活资料的有关部门企业。

第三，在旅游收入的初次分配中，特征旅游企业上缴的税金构成国家财政收入的一部分，国家财政通过预算支出的方式实现旅游收入再分配，其中一部分用于旅游公共产品供给，进一步促进旅游业的扩大再生产。

第四，在旅游收入的初次分配中，旅游企业的纯利润包括公积金、公益金和投资者回报三部分。公积金主要用于企业追加投资以及开发新产品或新技术的改造；公益金主要用于提高职工福利或津贴等；投资者回报主要用于个人消费。因此，初次分配中以利润形式存在的一部分旅游收入就转移到供应生产资料和生活资料的有关部门和企业。

在再分配中，旅游收入还有一部分流向金融部门以支付贷款利息、支付给保险部门。因此，又有一部分旅游收入转移到这些相关部门。旅游收入在初次分配的基础上，在全社会范围内又进行了再分配，众多部门得到相应收入，这是旅游业再生产过程的客观结果，同时也反映了旅游对国民经济的推动作用。旅游经济效应的动力就源自于旅游收入的初次分配与再分配参与到循环往复的国民经济运行中。

（3）旅游收入分配是旅游经济效应形成的动力。图 2.4 表明，旅游收入参与国民经济循环发展时，从不同方面推动经济的发展。主要表现在以下几个方面。

首先，旅游实现了国民经济所有有关产业的旅游产出。第一轮分配表明，旅游特征企业和旅游相关产业产出得到实现；随着第二轮分配的进行，因为其他企业满足了第一轮企业的生产需要，这些企业的产出实现；国民经济的往复进行，整个国民经济体系产出实现并倍数增加。当然，这里的产出包括直接产出、间接产出和引致产出。

其次，旅游在实现就业方面有突出的作用。现代旅游的蓬勃发展使旅游需求与旅游供给不断升级。旅游的触角几乎涉及国民经济的所有产业，如工业旅游、农业旅游、水利旅游等。满足旅游需求的生产活动形成众多的岗位与职位，上至管理岗位，下至一线服务岗位，解决了许多隐性失业和下岗再就业人员工作的需要。

最后，旅游的发展既需要国民经济其他产业的支持，同时又可以带动相关产业的发展。例如，旅游供给的实现需要工业、建筑业、化工业、制造业等的支持。以某一旅游风景区建设为例，在项目完成的过程中，需要建筑材料、科学技术、设施设备等。不论是旅游基础设施还是旅游服务设施的建设与完善，都离不开其他产业的支持。旅游最显著的产业相关性表现在工业旅游、农业旅游的出现。现代旅游将旅游与工业、农业完美结合，使生产线路、厂房、流程、工艺成为旅游产品的组成部分。现代旅游需求已不仅仅是旅游业组织生产，满足旅游者的需求，而是需要国民经济体系所有关联产业密切配合，从而形成一个庞大的供给体系，以满足旅游者的多样化需求。这个复杂而庞大的体系的源头很简单，是一种人类特殊的需求——旅游活动。当它参与目的地国民经济的流转时，就产生了巨大的推动效应。

2.2.3　旅游业经济效应研究的主要内容

旅游业的经济效应是指旅游业发展对一个国家或地区所产生的直接经济影响和间接经济影响的总和，即旅游活动引发的消费、投入、支出等在接待国经济中的渐次渗透，该国的经济产出总量、就业机会和产业发展等产生变化，尤其是经济总量的倍数增加。旅游业已经成为国民（区域）经济的重要组成部分，对国民（区域）经济的发展有着积极的作用和影响。概括来说，旅游业在增加利税和货币收入、增加外汇收入、大量回笼货币、提供就业机会、带动相关产业、优化产业结构、合理配置资源、改善投资环境、促进贫困地区脱贫、保障社会稳定及推动经济发展等方面的作用和影响比较显著。相应地，本书认为旅游业经济效应的主要内容可以概括为收入效应、就业效应、产业关联和产业波及效应[①]。

1. 收入效应

旅游收入包括国内旅游收入和国际旅游收入。旅游业的收入效应，即旅游业收入增长与经济增长的关联。根据现代经济学理论，旅游收入通过初次分配和再分配，其用于生产性投资和生活消费的数量会随着每次分配而增加，最终形成乘数效应从而使国民收入总量增长，旅游业的收入效应可以表现为旅游收入对经济的直接影响和间接影响（陈金花等，2008）。旅游者购买的旅游商品或服务使旅游地形成的收入构成直接影响，而由旅游地的直接收入诱发形成的收入构成间接影响。例如，游客在饭店住宿的花费可视为对某旅游目的地经济的直接影响，而饭

---

① 2008 年国家旅游局已经准备将我国发展三大旅游市场的政策由"大力发展入境旅游、积极发展国内旅游、规范发展出境旅游"，调整为"全面发展国内旅游、积极发展入境旅游、有序推进出境旅游"。2009 年全国旅游工作会议上，邵琪伟局长在工作报告中将国家旅游业发展方针概括为"大力发展国内旅游、积极发展入境旅游，有序发展出境旅游"。改革开放后发展旅游业主要为了创汇，而现在旅游业已经成为扩大内需的重要手段。且旅游业的统计数据也证明国内旅游收入已经占据旅游总收入的 80%。所以，本章在分析的时候并未将旅游业的创汇效应单独拿出来，而是仅仅分析旅游业的收入效应，但是其中的旅游收入包含国内旅游收入和国际旅游收入。

店职工可从游客花费中获得工资收入，又把工资收入用于生活支出，这种生活支出被注入本地经济，对旅游目的地的国家或地区的经济构成间接影响。

2. 就业效应

就业效应即为旅游业的发展提供就业机会。劳动就业问题是长期困扰世界各国的一大难题。在西方发达国家，失业率是监测宏观经济运行和进行宏观调控的三项首选指标之一，因此在评价旅游业的经济效应时，就业效应是不容忽视的一个问题，与其他产业相比，旅游业在带动就业方面具有一定的优越性（陈静和王丽华，2009）。

因为旅游业是劳动密集型产业，所以旅游业的发展能够直接或间接地增加就业岗位。旅游业产生的就业机会有两种：一种是直接的就业机会，它是由旅游者的直接消费产生的，包括各种旅游企业中的就业人数，如各种景区、商店和酒吧的工作人数等；另一种是间接的就业机会，它是由于旅游业发展而引起的其他相关行业的发展而产生的就业机会，如旅游业的发展为航空客运业、城市公交运输业及食品制造业等产业带来的就业岗位（陈斐和张清正，2009）。就世界范围来看，每千个劳动就业岗位中就有一个是由旅游业提供的，并且旅游业创造就业机会的成本比较低。根据国际经验，旅游业每百万元固定资产可容纳 250 人就业，而多数资金密集型行业每百万元固定资产只能容纳 90 人就业；在英国，每增加一个就业岗位平均需要投资 2.45 万英镑，而旅游业新增一个就业岗位平均只需要投资 1.56 万英镑（吴伯磊，2008）。

3. 产业关联和产业波及效应

产业关联和产业波及就是产业间的相互联系和影响。任何一种产业活动通过产业之间相互联结的波及效果，必然影响和被影响于其他产业的生产活动。一种产业影响其他产业的程度叫影响力，受其他产业影响的程度叫感应度。一种产业带动其他相关产业发展的作用就被称为产业关联或产业波及效应。一般认为，旅游业的产业关联和产业波及效应比较强，即旅游业的发展能带动相关产业发展，从而拉动区域经济发展。例如，一方面，旅游业要发展，就必须建立在一定的物质资料生产基础之上，因此，旅游业的发展必然会拉动相关的物质资料生产部门随之发展；另一方面，作为国民（区域）经济的一个相对独立的综合性产业，旅游业的产品内容包括了旅游资源、旅游设施及其他各类设备、旅游服务、旅游线路设计和日程安排等，其发展需要吃、住、行、游、购、娱六个要素相互配合。所以旅游业能够直接或间接地带动交通运输、商务服务、建筑业、邮电业、金融、外贸、轻纺工业等相关产业的发展，从而促进整个国民（区城）经济的发展（张伟和周秉根，2008）。

此外，旅游业的发展能改善投资环境，推动经济发展。投资是经济发展的重要推动力，旅游业的发展可以从多个方面改善投资环境、加深对外交流与合作，主要表现如下：首先，国际旅游业是对外开放的一个"窗口"，它能促进各国或地区人民加深相互了解，有利于吸引外资。其次，旅游业为经济合作提供必要的辅助设施，如旅游业的发展为外商投资、经商、考察、谈判等提供了食、宿、行等各个方面的便利条件。再次，旅游业的发展促进了科技人员的交流，便于传递信息。旅游业本身就是一个开放的行业，在旅游者中有大量的科学家、学者、企业家等，其在旅游过程中进行的信息交流，促进了经济、文化和科技的发展。最后，旅游业是一个吸引投资较多的行业，旅游业也具有投资效应（吴伯磊，2008）。本书运用多种方法多种视角研究旅游业的收入效应、就业效应、产业关联和产业波及与其他宏观旅游业经济效应，旨在全方位地阐述中国旅游业的经济效应。

2.2.4 影响旅游业经济效应的主要因素

影响旅游业经济效应发挥的因素是多方面的，既有宏观因素，又有微观因素；既有国内因素，又有国际因素；既有主观因素，又有客观因素；既有经济、技术因素，又有政策、法律等因素。为了有效地提高旅游业经济效应，就必须对制约旅游业经济效应发挥的主要因素进行科学的分析和研究。

1. 游客数量

在旅游经济活动中，游客数量的多少对旅游业经济效应的大小具有直接的影响。首先，游客数量的增加会增加旅游收入，相应地，旅游产品和服务的利用效率也会得到提高，旅游产业经济效应必然增加；其次，根据边际成本递减规律，旅游投入成本在固定范围内会随着游客数量的增加而减少，根据这一规律，在其他条件不变的情况下，游客数量越多，旅游企业在每一个游客身上所耗费的成本费用就相对越少，从而使旅游业经济效应得以增加（张静，2006）。

2. 旅游花费

旅游花费是指旅游者在旅游活动过程中，为了满足自身物质、生活、精神等各方面的需求而产生的各种花费，旅游者在旅游过程中产生的旅游花费是旅游业产生经济效应的重要途径。首先，旅游花费的产生才能够使旅游作为一项产业顺利进行；其次，旅游企业为了满足旅游者日益扩大及不断变化的消费需求，必然会对原有的旅游产品加以改进，而旅游业的发展必然也会带动其他相关部门的发展，最终使区域整体经济得到发展（陈宁，2007）。

因此，旅游花费是影响区域旅游业经济效应发挥的关键因素，尤其是入境旅游者在旅游目的地国家或地区产生的旅游花费对区域旅游业经济的影响更加显著。

旅游者在旅游目的地的旅游花费越多，区域旅游经济效应越显著。

3. 旅游目的地所处的发展阶段

旅游目的地所处的发展阶段，可以在一定程度上反映该旅游目的地满足旅游者各方面需要能力的水平。根据旅游目的地生命周期理论，旅游目的地的发展可分为开发、成长、成熟、衰退或复苏阶段。处于刚开发阶段的旅游目的地，旅游基础设施较为落后，可以为旅游者提供的服务项目有限，服务水平相对较低，将会直接影响旅游者在该目的地的消费支出，从而影响旅游业经济效应的发挥。而处于发展成熟阶段的旅游目的地，各种旅游基础设施较为齐备，能够满足旅游者的各种需求，旅游者在此类旅游目的地的消费总量必然要高得多，旅游业经济效应才能明显的表现出来（罗明义，2004）。

4. 经济规模

根据马西森、阿彻尔等学者的观点，旅游业经济效应的发挥与旅游目的地的经济规模关系较为密切。因为经济规模越大的地区，经济活动的范围越广，相应地为旅游业提供产品和服务的能力也就越强。并且，旅游收入注入该地区后，旅游业的产业关联效应也就越大。反之，若地区经济规模较小，各个产业部门之间的相互联系作用就较小，该目的地能够为旅游业发展提供产品和服务的能力就较小，旅游收入在该地区引起的直接和间接经济效应就较小。

5. 旅游业与整体经济的关联程度

旅游业与区域经济中其他产业部门的关联程度，在很大程度上影响着区域旅游业经济效应的发挥。在旅游过程中，旅游者不仅需要旅游业为其提供旅游产品，而且还需要与旅游业相关的产业部门提供物质资料和相关服务。通常情况下，旅游目的地地区总体经济发展水平越高，旅游业与其他相关部门的关联也就越大，旅游业在本地区产生的经济效应也就越大，反之相反（张立生，2002）。

总之，旅游业经济效应的影响因素是多方面的，除了上述几种主要影响因素之外，还有国家或地区的经济体制、经济结构、政府部门的态度等，都会对旅游业经济效应的发挥产生一定程度的影响。

2.3　旅游业经济效应的测度理论

2.3.1　旅游乘数理论

旅游乘数理论是旅游经济学家在研究旅游活动时，借鉴宏观经济学的乘数理论和旅游学的相关理论而提出的。旅游乘数理论的产生是旅游经济发展到一定阶段的必然结果,对于分析和认识旅游活动对旅游目的地经济的影响具有重要意义。

1. 凯恩斯乘数理论

乘数（multiplier）又称为倍数,是指某一经济投入量的变动导致了经济总量相应变动的一种倍数的关系。乘数是经济学中的一个基本概念,乘数理论反映了现代经济的特点,即由于国民经济各部门的相互联系,任何部门最终需求的变动都会自发地引起整个经济中产出、收入、就业等水平的变动,后者的变化量与引起这种变动的最终需求变化量之比即为乘数。现代经济学通常用其来研究国民收入的变动量受其某一种最初投入量变动影响而产生的扩大效应。

乘数概念起源于 19 世纪 80 年代,1931 年英国经济学家 R. F. 卡恩在《国内投资与失业的关系》(*The relation of home investment to unemployment*）一文中,首先提出经济资源投入的就业乘数概念（Kahn,1931）。而后,凯恩斯补充完善了乘数理论,他说明了一个国民经济的需求如何通过连锁反应,产生数倍于最初需求的需求。为了描述乘数效应,凯恩斯以边际消费倾向（marginal propensity to consume,MPC）为基础,建立了投资乘数模型,形成了乘数理论（任泽平等,2006）。凯恩斯所强调的乘数效应是从自发支出乘数的角度来考虑的,其公式如下:

$$K = \frac{\Delta Y}{\Delta A} = \frac{1}{1-\varepsilon} = \frac{1}{1-(\text{MPC}-\text{MPM})} \tag{2.1}$$

其中, K 表示自发支出乘数; ΔY 表示国民经济总量的增加量; ΔA 表示自发支出的增加量; ε 表示边际支出倾向。边际支出倾向在 0~1 变动,从式（2.1）中我们可以看到,边际支出倾向越大,自发支出乘数的值就会越大。同时,由于边际支出倾向是边际消费倾向和边际进口倾向（marginal propensity to import,MPI/MPM）之差,所以,自发支出乘数也可以表达为 1 减去边际消费倾向与边际进口倾向的倒数。

2. 旅游乘数理论

英国旅游经济学家阿彻尔根据凯恩斯的投资乘数理论,首先提出了旅游乘数理论。他认为,注入一个地区的自主支出包括出口贸易的增长、政府投资的增加、国外资本在该地区投资的增加、旅游者的支出等。如果资源充足,任何形式的自主支出都会刺激其注入地区的经济活动,产生额外的商业收入、家庭收入和就业机会（Archer,1982）。

按照 Archer（1982）的旅游乘数理论,旅游目的地的旅游行业向来访的旅游者提供各种旅游产品,为旅游目的地带来直接的经济收入,导致旅游目的地经济的总收入增加。由于旅游供给的关联性特点,旅游行业必须在目的地购买一部分物资和服务,以便生产和组合旅游产品。因此,旅游行业必须将其从旅游者那里获得的一部分收入以购买贷款或服务费的形式支付给提供这些物资和服务的行业。旅游行业的购买使得这些行业的产品和服务的需求增加,为了满足新增加的市场需求，这些行业需要用其从旅游业获得的一部分收入用于增加雇员、支付现有雇员的加班工资、补充原材料等，从而使得旅游目的地的经济进入下一轮的增长。随着旅游收入在旅游目的地的循环传递，该地区的经济产出总量和居民的家庭收入将出现增加，这就是旅游乘数效应（图 2.5）。

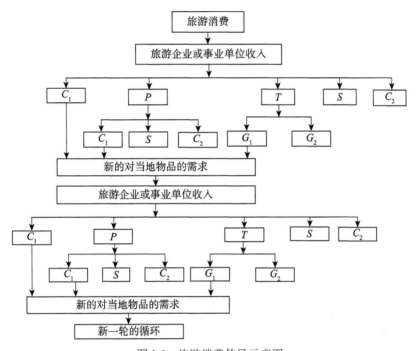

图 2.5　旅游消费传导示意图

资料来源：Archer B H. The value of multipliers and their policy implications. Tourism Management，1982，3(4)：236-241

图 2.5 中，C_1 为对当地商品或劳务的需求；C_2 为对外地商品或劳务的需求；P 为工人工资；S 为储蓄；T 为税收；G_1 为政府支出中对当地物品的消费；G_2 为政府其他支出。

用公式表示以上过程为

$$TIM = \frac{\Delta Y}{\Delta T_i} \qquad （2.2）$$

其中，ΔY 为目的地经济收入变动量即增加的收入量；ΔT_i 为旅游收入增量；TIM 为旅游乘数。如前所述，旅游收入的增加将会启动旅游目的地的一系列经济活动，并引起相应的经济产出总量和居民家庭收入增长。所以，旅游收入增加量必然会导致旅游目的地消费、储蓄和税收的增加。

假设消费增量为 ΔC 、储蓄增量为 ΔS 、税收增量为 ΔT ，则旅游收入增量可以表示为

$$\Delta T_i = \Delta C + \Delta S + \Delta T \qquad (2.3)$$

将式（2.3）代入式（2.2），得到

$$\text{TIM} = \frac{\Delta Y}{\Delta C + \Delta S + \Delta T} \qquad (2.4)$$

由于目的地均衡国民收入等于目的地消费加储蓄和税收，因此目的地经济收入增加量必然等于目的地的消费增加量加目的地的储蓄增加量和税收增加量。所以式（2.4）又可以变为

$$\text{TIM} = \frac{\Delta Y}{\Delta Y - \Delta C} = \frac{1}{1 - \dfrac{\Delta C}{\Delta Y}} \qquad (2.5)$$

$$\because 1 - \frac{\Delta C}{\Delta Y} = \frac{\Delta S}{\Delta Y} + \frac{\Delta T}{\Delta Y}$$

$$\therefore \text{TIM} = \frac{1}{\dfrac{\Delta S}{\Delta Y} + \dfrac{\Delta T}{\Delta Y}} \qquad (2.6)$$

其中，$\dfrac{\Delta C}{\Delta Y}$、$\dfrac{\Delta S}{\Delta Y}$、$\dfrac{\Delta T}{\Delta Y}$ 分别为 MPC、边际储蓄倾向（marginal propensity to save，MPS）和边际税收倾向（marginal propensity for tax，MPT）。式（2.6）则可以写成

$$\text{TIM} = \frac{1}{1 - \text{MPC}} \ \text{或} \ \text{TIM} = \frac{1}{\text{MPS} + \text{MPT}} \qquad (2.7)$$

对于旅游目的地国家或地区来说，旅游乘数效应的发挥，来访国际游客的旅游消费作为无形出口贸易的收入，使外来资金"注入"接待国的经济之中，这种"注入"资金在部分流失于本国或地区经济系统之外的同时，余额部分则在本国或地区经济系统内渐次渗透、依次发挥直接效应、间接效应和诱导效应，刺激本国家或地区经济活动的扩张和整体经济水平的提高，直至外来资金在目的地国家或地区经济活动中少到可以忽略不计为止（黎洁和连传鹏，2009）。旅游乘数可以分为以下三个阶段。

第一个阶段，直接效应阶段。与旅游收入直接相关的一些企业或部门，如旅行社、餐饮业、交通部门、参观游览部门等，都会在旅游收入初次分配中获益。旅游者直接旅游消费对经济系统中旅游企业在产出、收入、就业等方面造成的影响，称为旅游消费的直接效应。

第二个阶段，间接效应阶段。直接收益的各旅游部门和企业在再生产过程中要向有关部门和企业购进原材料、物料、设备，各级政府把旅游中缴纳的税金投资于其他企事业、福利事业等，使这些部门在不断的经济运转中获得收益，即间接地从旅游中获利。目前大量学者的研究表明，旅游消费带来的间接效应大大超过其直接效应。

第三个阶段，诱导效应阶段。直接或间接为旅游者提供服务的旅游部门或其他企事业单位的职工把所获得的工资、奖金用于购置生活消费品或用于服务性消费的支出，促进了相关部门和企事业的发展。此外，从旅游收入的分配与再分配运转中受到间接影响的部门或企事业单位在再生产过程中又不断购置生产资料的同时推动了其他相关部门的发展。因此，旅游收入通过多次的分配与再分配，对国民经济各部门产生连锁的经济作用。旅游消费的诱导效应可以是非常显著的。

旅游乘数是用以测定旅游消费所带来的全部旅游经济效应大小的系数。一般来说，旅游乘数效应可以从两方面估计：一方面是旅游消费中留在经济系统中继续流转花费的数额，如果这部分数额大，则乘数值大，反之则相反；另一方面是旅游者的花费能在本地内再花费的次数，轮转次数越多，乘数越大；次数越少，乘数越小（匡林，1996）。

3. 旅游乘数效应模型

综合各方面理论与观点，可以得出以下结论，即旅游产业是一个关联性很强的产业部门。旅游企业通过接待旅游者获得经营收入，这些收入作为外来资金注入旅游目的地的经济中，可以将其称为旅游经济活动的直接效应。此外，旅游企业还通过购买当地其他企业和居民提供的产品和服务在当地经济中引起一连串的间接效应和诱导效应，刺进当地经济的发展和为当地居民带来更多的福利。旅游活动所产生的直接效应、间接效应和诱导效应一起构成旅游乘数效应。旅游乘数效应是研究旅游活动在旅游目的地经济中影响的一个有用的工具，能够帮助人们客观地认识和掌握旅游活动所产生的经济效应。旅游乘数的大小与旅游者在旅游目的地的消费支出有关（岑先梅，2008）。一般来说，旅游乘数的值与旅游者的消费支出额正相关，旅游乘数与地区的经济水平呈正相关关系。

1）伦伯格模型

伦伯格以凯恩斯的乘数模型为基础，提出了计算旅游收入的模型。

$$TIM = \frac{1-TPI}{MPS+MPI}I \tag{2.8}$$

其中，TIM 为旅游收入乘数；I 为旅游者的支出；TPI 为旅游者的进口倾向；MPS 为目的地居民的边际储蓄倾向；MPI 为目的地居民的边际进口倾向。伦伯格认为，首先，旅游目的地企业为了维持其未来的营业活动，必须进口一定数量的商品和服务。这些进口将降低旅游者消费支出对目的地经济的影响。其次，当地居民的储蓄倾向导致他们将其所得到的一部分旅游收入从目的地经济的循环中退出，从而进一步降低旅游者在目的地消费对目的地经济产生的效应。最后，目的地居民为了满足其家庭需要而购买某些进口的商品和服务，这也会降低旅游者对目的地经济的效应（赵放和刘秉镰，2011）。

2）阿彻尔的 Adhoc 模型

阿彻尔在凯恩斯乘数理论的基础上，提出了 Adhoc 模型（Adhoc model）。该模型是目前国内外旅游经济学界普遍采用的旅游乘数模型之一。1970 年，Archer 和 Owen（1971）在度量英国的 Anglesey 地区旅游乘数时，首先提出了 Adhoc 模型，并在随后的实践中多次运用这个模型，进行不断的修正，该模型由两部分组成。

用 $\sum_{j=1}^{N}\sum_{i=1}^{n}Q_j K_{ji}V_i$ 表示旅游者在目的地每一个单位支出所产生的直接和间接经济影响。其中，j 为旅游者的类型；i 为旅游企业的类型；Q_j 为第 j 类旅游者消费支出占全部旅游消费的比例；K_{ji} 为第 j 类消费者在第 i 类企业中花费的比例；V_i 为第 i 类企业从旅游者的消费中取得的收入所得到的直接和间接的收入。为了区分直接收入和间接收入，可以继续分解上式。

直接产生的收入为

$$\sum_{j=1}^{N}\sum_{i=1}^{n}Q_j K_{ji}Y_{di} \qquad (2.9)$$

其中，Y_{di} 为获得旅游收入的第 i 类旅游企业得到一个单位营业额所产生的收入。

间接产生的收入为

$$\sum_{j=1}^{N}\sum_{i=1}^{n}Q_j K_{ji}\left(Y_i - Y_{di}\right) \qquad (2.10)$$

其中，Y_i 为企业获得一个单位收入所获得的直接收入和间接收入。

第一步是计算旅游消费的诱导效应，其计算方法为乘数与直接收入与间接收入之和的积，计算公式为

$$\sum_{j=1}^{N}\sum_{i=1}^{n}Q_j K_{ji}Y_i \times \frac{1}{1-c\sum_{i=1}^{n}X_i Z_i Y_i} \qquad (2.11)$$

其中，c 为边际消费倾向；X_i 为全部消费中第 i 类企业获得的比例；Z_i 为消费者在某一目的地消费的比例。

3）布朗瑞格-克莱格模型

英国旅游学家布朗瑞格和克莱格在研究苏格兰 Skye 岛的旅游支出效应时提出了与阿彻尔模型相似的乘数模型——布朗瑞格-克莱格模型（Brownrigg-Creig model）。本模型与前面的阿彻尔模型一样被称为新凯恩斯区域乘数模型。但是，与阿彻尔模型不同的是，本模型由两个子模型构成，一个是旅游收入乘数模型，另一个是旅游就业模型。

（1）旅游收入乘数模型。

本模型被分解成不同类型以得出每一种类型旅游者的收入乘数与就业乘数。目的地旅游活动产生的总体收入表示为

$$\Delta Y = K_r \sum_{c=1}^{N} V_c \qquad (2.12)$$

其中，ΔY 为旅游支出创造的收入数量；V_c 为旅游活动在当地每个部门 c 的增加值；K_r 为区域收入乘数。

将被乘数分解以便调查各类旅游支出的效应和更加深入地了解投入产出的联系及每个部门漏损的规模。对于每一个子部门 s，都可以利用其模型估测旅游活动在当地的增加值 V。

$$V_s = \sum_{j=1}^{n} \sum_{i=1}^{N} E_j \left(A_j \alpha_j + B_j \beta_i \gamma_i \right) \qquad (2.13)$$

其中，E_j 为旅游者在第 j 类企业的支出；A_j 为第 j 类企业中工资和利润在营业额中的比重；B_j 为第 j 类企业中除了工资外的所有其他采购在营业额中的比重；α_j 为第 j 类企业的工资和利润留在当地经济中的部分；β_i 为第 j 类企业在当地采购的系数向量中的第 i 个分量；γ_i 为第 j 类企业采购的当地增值系数向量中的第 i 个分量。

（2）旅游就业模型。

旅游者消费支出导致的一个特定部门的全部就业用式（2.14）表示：

$$N_s = \frac{T_s}{\lambda_s} \qquad (2.14)$$

其中，N_s 为部门 s 中产生的全部就业。N_{ds} 和 N_{is} 为所创造的直接就业数量和间接就业数量。

$$N_{ds} = \frac{T_s}{\lambda_s} s \qquad (2.15)$$

其中，T_s 为在部门 s 内的旅游消费支出的代表比例；λ_s 为该部门的平均营业额/就业比率。

旅游消费支出所产生的次生就业（N_{is}）包括两个因素：第一，由初始旅游消费支出所创造的当地进一步的商业交易引致的间接就业。第二，当地居民家庭将其所得到的旅游收入进行再消费所创造的间接就业。次生就业乘数可以运用下面的公式计算：

$$N_{is} = \frac{T_s \varepsilon_s \left[w_s + (k_r - 1) \right]}{L_s} \qquad (2.16)$$

其中，w_s 为创造当地额外商业活动的 ε_s 在旅游者消费支出中所占的比例；L_s 为区域经济中服务部门（不包括住宿的地区）就业的每一份工作所提供的增加值。

因此，可以通过式（2.15）和式（2.16）得到部门 s 的一个单位旅游者消费支

出产生的全部就业。

$$N_s = T_s \left\{ \frac{1}{\lambda_s} + \frac{\varepsilon_s + (k_r - 1)}{L_s} \right\} \tag{2.17}$$

从式（2.17）可推导出每一个部门的就业乘数为

$$K_s = \frac{N_s}{N_{ds}} = 1 + \frac{\lambda_s \varepsilon_s \left[w_s + (k_r - 1) \right]}{L_s} \tag{2.18}$$

2.3.2　旅游投入产出理论

旅游活动对旅游目的地经济影响研究的另一个重要理论基础是投入产出经济学理论。以旅游乘数理论作为理论基础的旅游业经济效应分析方法在描述最终经济效应时一般不考虑哪些具体的部门从旅游活动产生的直接效应中获益，也不考虑哪些具体行业能够从旅游活动产生的最终经济效应中获益。而根据投入产出经济学理论产生的分析方法则是建立在对经济体系中每个具体部门的消费倾向分析的基础上的。

1. 投入产出分析法介绍

投入产出技术是美国著名经济学家、诺贝尔经济科学奖获得者瓦西里·列昂惕夫（Wassily Leontief）在 20 世纪 30 年代所提出的一种经济数量分析方法。它以棋盘式平衡表的方式反映、研究经济系统各个部分之间表现为投入与产出的相互依存关系，并以其深刻复杂的经济内涵与简洁数学表达形式上的有机结合，成为经济系统分析不可替代的工具。随着投入产出技术的不断发展，投入产出表已经成为国民经济核算和经济计量分析的重要工具。目前全世界已经有一百多个国家编制了本地区投入产出表，投入产出技术已经获得普遍的研究和应用。

除了使用旅游乘数之外，投入产出法是最常被用来分析旅游业对国民经济影响的方法。投入产出分析是研究经济系统中各个部分之间在投入与产出方面相互依存的经济数量分析方法。其中，"经济系统"可以是整个国民经济、地区、部门或企业，也可以是多个国家、多个地区或多个部门；"部分"指研究经济系统的组成部分、组成经济系统的各个部门或是指各种产品和服务；"投入"指各个部门或产品在其生产或者运营过程中所必需的物质或劳务投入；"产出"指各个部门或产品的产出量的分配与使用。通过编制投入产出表和模型，能够清晰地揭示国民经济各部门、产业结构之间的内在联系（Frechtling and Horvath，1999）。特别是能够反映国民经济中各部门、各产业之间在生产过程中的直接与间接联系，以及各部门和各产业生产与分配使用、生产与消耗之间的平衡（均衡）关系（余典范等，2011）。正因为如此，投入产出法又称为部门联系平衡法。此外，投入产出法还可以应用于各地区、国民经济各部门和各企业等类似问题的分析。若用于地区问题时，它反映的是地区内部之间的内在联系；若用于某一部门时，它反映的是该部门各类产品之间的内在联系；若用于公司或企业时，它反映的是其内部各工序之间的内在联系（赵放和刘秉镰，2011）。

投入产出模型又是另一种分析产业关联的工具，它是由系数、变量的函数关系组成的数学方程组构成，而"直接消耗"等系数的计算和函数关系的确定，是依据投入产出表及其平衡关系式来确定和建立的。可以这样认为，投入产出模型是对投入产出表的深化和运用，因此投入产出模型的建立一般要分两步进行：一是先依据投入产出表计算各类系数；二是在此基础上再依据投入产出表的平衡关系，建立起投入产出表的数学函数表达式，即投入产出模型（周文丽，2011）。

投入产出经济学产生于 20 世纪 30 年代，是研究社会再生产过程的有力工具。1936 年，美国经济学家列昂惕夫的《美国经济体系投入产出的数量关系》一文对投入产出经济学做出了划时代的贡献（Leontief，1936）。列昂惕夫构建了一个整个经济的矩阵，即投入产出表。标准的投入产出表是一个纵横交错的棋盘式表格，以矩阵的形式记录了一个国家在某一时期内国民经济各部门的全部经济活动。

2. 投入产出法分析框架

投入产出表是投入产出分析的最基本工具，它分为实物型投入产出表和价值型投入产出表。一般来说，由于实物型投入产出表在计算方面存在着纵向不可相加的缺陷，因此大多数投入产出分析都使用价值型投入产出表来进行分析。

如表 2.1 所示，横行表示的是各部门产品的需求流向，如部门 1 的总和表示为该部门产品分别销售到不同部门（中间使用部门和最终使用部门）的数量的价值总和。纵行表示的是每个部门在生产产品中所消耗不同部门产品的价值量（即中间投入量），以及该部门的价值形成（即增加值——劳动者报酬、营业利润、生产税净额、固定资产折旧等增加值组成）。由于纵行的各项是以货币的价值形式表示的，所以它的各项也可以相加。

表 2.1　简化投入产出分析表

投入 \ 产出		部门使用				小计	最终使用	总产出
		部门 1	部门 2	⋯	部门 n			
中间投入	部门 1	X_{11}	X_{12}	⋯	X_{1n}	⋯	F_1	X_1
	部门 2	X_{21}	X_{22}	⋯	X_{2n}	⋯	F_2	X_2
	⋯							
	部门 n	X_{n1}	X_{n2}	⋯	X_{nn}	⋯	F_n	X_n
	小计	⋯	⋯	⋯	⋯	⋯		X
增加值		V_1	V_2	⋯	V_n	V	第四象限	
总投入		X_1	X_2	⋯	X_n	X		

资料来源：徐信元. 上海旅游经济效应实证研究. 上海财经大学硕士学位论文，2008

在价值型投入产出表中，一般存在以下几个恒等式：

总投入=总产出

每个部门的总投入=该部门的总产出

全部增加值合计=全部最终使用合计

3. 旅游投入产出模型

1）Diamond 模型

Diamond 在他的最初模型里，将每个部门的产出表示为中间需求、内生最终需求和外生最终需求之和（Fletcher，1989）。实际上，这个公式是投入产出表里各行之间关系的一种表述。公式可以表述如下：

$$x_j = \left(\sum_{j=1}^{N} a_{ij} x_j - m_i^* x_i \right) + \left(\sum_{j=1}^{N} c_{ij} - m_i y_j \right) + (E_i + K_i) \qquad (2.19)$$

其中，x_i 为部门 i 的产出；x_j 为部门 j 的产出；y_j 为部门 j 的收入；E_i 为部门 i 的出口销售额；K_i 为部门 i 的投资；a_{ij} 为部门 i 向部门 j 销售的中间产品；m_i^* 为部门 i 的进口系数（即每单位产出所要求的进口投入量）；m_i 为部门 i 的进口倾向（表示为收入水平的函数）；c_{ij} 为部门 i 向部门 j 销售的最终需求（为部门 j 的收入水平的函数）。式（2.19）可以写成矩阵形式，即内生最终需求用 C 表示；外生最终需求用 Y 表示，具体见式（2.20）：

$$X = AX - M^* X + C + Y \qquad (2.20)$$

其中，X 为部门产出水平的列向量；A 为投入产出系数方阵；M^* 为进口系数的对角矩阵；C 为消费需求的列向量；Y 为外生最终需求的列向量。

Diamond 使用列昂惕夫收入表：

$$V = X - AX \qquad (2.21)$$

$$\therefore V = (1 - A) X \qquad (2.22)$$

将 C 重新定义为

$$C = C (I - A) X \qquad (2.23)$$

如果外生需求增加 Y，则式（2.23）变为

$$(I - A + M^*) \Delta X = C (I - A) \Delta X + \Delta Y \qquad (2.24)$$

经整理变为

$$[I - C (I - A) + M] \Delta X = \Delta Y \qquad (2.25)$$

求解增加的产出，式（2.25）又可变为

$$\Delta X = \left[(I - C)(I - A) + M^* \right]^{-1} \Delta Y \qquad (2.26)$$

这个逆矩阵就是产出乘数矩阵。该矩阵产生了包含着各个部门之间需求和供给相互影响的每个部门的产出乘数，考虑到由生产过程引起的国外有待漏损的每

个部门的产出乘数。Diamond 对他的模型进行了改良，以考虑供给约束的存在。他指出，多数乘数模型都采用了凯恩斯关于"有效需求不足是经济萧条的根源"的假设，而在许多情况下导致经济萧条的真正原因却经常是用于购买进口品的外汇短缺造成的供给瓶颈（Briassoulis，1991）。

2）阿彻尔模型

1970~1982 年，阿彻尔先后在英国的 Anglesey、Gwynedd 等地区运用由他本人提出的旅游投入产出表模型对旅游业经济效应进行测算。阿彻尔的旅游模型以传统的投入产出框架为基础，包含一个消费反馈机制。其公式为

$$X = (I-A)^{-1} \left[1 - \sum_{h-n+1}^{p} C_n (I-A) B_h (I-A)^{-1} \right]^{-1} Y \qquad (2.27)$$

其中，X 为总需求向量；Y 为最终需求向量；A 为生产系数方阵；B_h 为各种家庭部门的方阵；C_n 为每个家庭部门消费方式方阵；I 为单位矩阵（Archer，1982）。

4. 投入产出分析在旅游业中的应用

旅游业的发展与国民经济运行中各行业存在着很大的依存关系，其发展也需要许多基础产业的支持，分析旅游业的经济贡献，就必须考虑旅游业对这些产业的影响力。简化的旅游投入产出表（表 2.2）能够较为清晰展现出旅游业与国民经济其他各行业之间的依存关系。投入产出表和投入产出模型是分析旅游业经济影响尤其是对相关产业的带动影响的综合性的方法，它可以清楚地显示旅游经济各部门之间相互联系的复杂性，解决旅游乘数研究无法回答的过程问题（刘晓欣等，2011）。因此，在旅游业经济效应评价实践中也得到了较为广泛的应用。把投入产出理论应用于旅游业发展对经济增长影响的研究当中是投入产出分析应用的一个新发展。目前，就国内外的应用来看，主要集中在计算旅游业的增加值、直接消耗系数、产业影响力系数、产业感应度系数、就业效应等。

表 2.2　简化的旅游业投入产出表

投入 ＼ 产出		产业部门					总产出
		农业	工业	旅游业	建筑业	其他	
产业部门	农业	X_{11}	X_{12}	X_{13}	X_{14}	…	X_1
	工业	X_{21}	X_{22}	X_{23}	X_{24}	…	X_2
	旅游业	X_{31}	X_{32}	X_{33}	X_{34}	…	X_3
	建筑业	X_{41}	X_{42}	X_{43}	X_{44}	…	X_4
	其他	…	…	…	…	…	…
总投入		X_1	X_2	X_3	X_4	…	$\sum X$

资料来源：张滢. 旅游经济效应的理论与实证研究. 新疆大学博士学位论文，2006

投入产出理论应用旅游研究时，根据旅游经济生产中的投入来源和产品（服务）的分配使用去向排列成一张纵横交叉的棋盘式平衡表。因此，投入产出模型的建立一般要分两步进行：一是先依据投入产出表计算各类系数；二是在此基础上，再依据投入产出表的平衡关系，建立投入产出的数学函数表达式，即投入产出模型。从旅游投入产出表的基本形式来看，由三个部分组成，分别称为第一象限、第二象限、第三象限（章杰宽和姬梅，2011）。具体如下。

第一象限是旅游投入产出表的核心，反映了旅游业与经济各部门之间相互依赖、相互提供劳动产品（服务）以供生产和消耗的过程。横行的方向，反映旅游部门产出的产品或服务提供给各生产部门作为中间使用的数量；纵列的方向，反映旅游部门在生产过程中消耗各产出部门的产品或服务的数量。

第二象限反映旅游部门的产品或服务用于各种最终使用（消费、投资和净出口）的数量和构成情况。第一象限与第二象限连接起来组成的横表，反映了旅游部门生产出的产品或提供的服务用于中间使用和最终使用的价值构成，用公式表示即为

中间使用+最终使用−调入−进口=总产出

第三象限反映旅游产品部门增加值的形成过程和构成情况，体现了国内生产总值的旅游产值的初次分配格局。第一象限和第三象限连接起来组成的竖表，反映了旅游部门产品在生产经营活动中的各种投入来源和产品价值构成，用公式表示即为

中间投入+增加值=总投入

旅游投入产出表三大部分相互连接，从总量和结构上全面、系统地反映旅游部门从生产到最终使用这一完整的实物运动过程中的相互联系。

但是，旅游投入产出分析本质上属于微观经济学的静态均衡分析，在实际运用中，可能存在着一定的局限性，因为它存在着两个假设前提。

（1）"技术系数"的不变倾向，即在同一张投入产出分析表中，一个单位的产品所需的各种投入都是固定的。

（2）生产函数具有规模报酬不变的特点，即将投入增加一倍，则产出可以增加一倍。客观上，在实际运用中，这种方法受到一定的限制。首先，计算过程过于复杂；其次，旅游业经济影响研究中的投入产出分析是利用旅游经济统计数据建立的，5 年更新一次，结果不能够较准确地体现实情。此外，在短期分析中，投入产出表考虑的是边际变化本身，从而所得到的分析结果会因为"不变假设"而与实际情况有误差（赵放和刘秉镰，2011）。

2.3.3 其他测度理论

1. 旅游卫星账户理论

目前，旅游卫星账户已经称为区域经济影响评价研究最重要的工具，在西方

发达国家和第三世界国家得到广泛应用。

1）旅游卫星账户的概念

旅游卫星账户是一种方法，它将传统产业中生产旅游商品的各个零星部分结合在一起，创建一个综合的旅游业。"卫星"一词，表明该账户是国家账户体系的延伸。从技术性角度来说，卫星账户是一个综合性的多层面信息系统，它收集描述旅游业重要量化指标的所有统计数据，并对这些数据进行排序和建立关联（杨仲山和屈超，2007）。旅游卫星账户是在国家账户体系的投入产出框架中创建一个旅游业维度。本质上，投入产出框架是一系列矩阵，它确认并计量每个产业消耗的投入中，分别有多少来自其他产业的产出（郭丽，2008）。凭借旅游卫星账户提供的方法，能够从国家账户体系中解析出一个被称为旅游业的综合产业。

2）旅游卫星账户的基本框架与思路

旅游卫星账户实际上是以国民经济账户为基础，运用投入产出的分析方法，建立起一个综合旅游业的多层面的信息账户系统，作为国民经济账户的一种附属账户（或是一种延伸），它的基本理论框架就是利用投入产出的框架，建立一个综合旅游业的规模框架，以横行与纵列的相互对应关系，建立起旅游业的平衡关系系统，从而创立出一个旅游业的综合规模矩阵，来分析旅游业的规模和综合经济效应（肖拥军，2007）。

旅游卫星账户选择了旅游支出和旅游收入的两种统计方式的概念，作为旅游需求一方的旅游支出和作为旅游供给一方的旅游收入。旅游卫星账户通过收集相关信息，根据供求平衡关系，分析旅游业的相关影响。很显然，从投入产出的基本分析方法来看，旅游卫星账户的横行所反映的是旅游消费支出在不同收入要素上的分配情况，而纵行所反映的是不同旅游产业在不同要素上的分配情况；依据产业的供求平衡关系式来判断旅游经济的影响与其对国民经济的贡献（谢术平，2003）。这样，可以防止单方面衡量产出而出现高估或低估产业影响的问题。同时，由于投入产出法可以用来分析直接消耗与间接消耗的关系，旅游卫星账户还可以用来分别分析旅游直接产业和旅游相关产业的不同情况，旅游卫星账户是目前一种较好的研究旅游业经济影响的分析工具（张广海和马永健，2005）。

旅游卫星账户的理论基础是列昂惕夫对产业间经济关系进行研究而得出的投入产出理论，此理论全面地分析了国民经济各个行业的关系，能够衡量投入、中间生产过程和最终需求之间复杂的关系，其关键在于构建列昂惕夫转换矩阵，理论流程为，经济数据统计—投入产出交易表—技术系数矩阵—影响系数或列昂惕夫转换矩阵，以此对经济进行全面衡量与分析（么娆，2008）。旅游卫星账户的测算包括旅游业增加值的测算、旅游业增加值对国民经济贡献的测算、旅游业的就业影响因素的测算，以及旅游业与相关产业关系的测算。

2. 旅游经济评价和旅游经济影响理论

TEAM 和 TEIM 也可以看做投入产出模型分析的扩展，根据经验判断首先去除一些关系不大的产业部门，将旅游影响评价的研究视野限定在区域内最紧密联系的那些产业部门上。TEAM 由官方性质的加拿大旅游研究所创立，它选用 60 个不同产业的产出指标（包括就业指标、工资与薪水、国内生产总值等）对经济影响进行估算，主要适用于州和省一级的旅游经济统计分析，由此可以了解如下内容：区域年度旅游业经济影响；特定客源地或特定旅游目的地的经济影响；特殊事件或会议等的经济影响；独立的旅游相关经营活动或者资产运作项目的经济影响。

TEIM 是由美国旅游数据中心提出的，主要对美国公民在国内、州内、县内旅行活动的经济影响进行评估。这一模型以 115 种旅行消费种类为依据，评价它们对相关的 14 个旅行行业的影响，包括行业收入、就业、个人收入以及税收。为了使对旅游业经济影响的研究成果能够最大限度地与其他产业经济影响相比较，充分而合理地利用官方资料是一种必然要求。然而，如果完全依赖于着重宏观经济指标的官方资料，则很难深入旅游业经济影响的细节。为了尽量减少这一弊端，TEIM 除了利用由官方的旅行数据中心提供的国民旅行调查（nation tourism survey，NTS）资料之外，还利用了民间咨询机构史密斯旅行研究所的饭店和汽车旅馆调查资料。

TEAM 和 TEIM 的最大特点是紧扣旅游经济本身，同时简化资料收集的规模，降低数量分析的复杂性，这就在一定程度上降低了研究成本，并且缩短研究成果的更新周期，所以它们在欧美一些国家和地区也得到了广泛应用。

3. 旅游政策与预测理论

旅游政策与预测（tourism policy and forecasting，TPF）模型理论是由英国学者 Blake 等（2006a，2006b）提出的，包含了 TEAM 和 TEIM 研究的主要内容，适用于旅游规划、政策分析与预测等工作，对政府决策者和业界分析人士而言都是一种辅助预测的有力工具。

使用 TPF 模型时，需要大量旅游和旅行消费方面的专门数据，也需要旅游行业部门生产结构方面的数据，较之旅游卫星账户模型，其可以让人们获得相关更为微观和深入的认识。TPF 模拟分析了在旅游卫星账户面临不同极限条件下的指标应变过程，从而获取相应的政策导向。

但应该引起注意的是，单一的极限条件只是突出表现了某一种影响因素的变化可能导致旅游卫星账户模型整体的变化，但并没有表现出在不同因素共同作用下可能促发的变化，因此也只能作为政策导向来提供参考而不能成为形成政策的既定规则。但是应该肯定的是，从旅游卫星账户向 TPF 的发展，反映了旅游业对经济影响评价研究从解释现状向指导决策迈进的一种趋势。

2.4　本章小结

（1）本章首先对旅游、旅游业和旅游产业的概念进行辨析，得出旅游产业包含旅游业，比旅游业范围要大；分析了作为产业的旅游业的特性和构成，因此对本书的研究对象旅游业可以有清晰的认识。"旅游经济"和"旅游业经济"是两个不同的概念，前者指包括后者在内的、体现为社会现象的宏观旅游活动范围内部以及与社会有关方面发生的经济关系，后者只指旅游业的经营业务与旅游者，尽管在与社会有关方面发生的经济关系上，都使用了"旅游经济"的名称，但在成果集里却仅只限于"旅游业经济"。将"旅游经济"和"旅游业经济"区分开来是一件很难的事情，正如申葆嘉（1999）所讲，在相关研究的成果集里，其都仅限于"旅游业经济"。本书亦是如此，分析对象是旅游业经济效应，本书中无法避免时出现的旅游、旅游经济效应，其实质上都仅限于"旅游业"和"旅游业经济效应"。

（2）本章对旅游业经济效应进行了解析。分析了旅游业经济效应的形成和内涵，影响因素；对旅游业经济效应和旅游业经济效益进行了辨别；界定了旅游业经济效应研究的主要内容为旅游收入效应、就业效应、产业关联及波及效应。目的在于对旅游业经济效应相关理论有全面深刻的了解。

（3）本章介绍了旅游业经济效应的测度理论。其主要包括旅游乘数、旅游投入产出理论、旅游卫星账户理论、旅游经济评价和旅游经济影响理论、旅游政策与预测理论。因为本书主要应用乘数方法和投入产出模型对中国旅游业经济效应进行研究，所以本章主要详尽介绍了乘数理论和投入产出理论。

第3章　中国旅游业收入效应分析

旅游收入包括国内旅游收入和国际旅游收入。旅游业的收入效应即为旅游业收入增长与经济增长的关联。根据现代经济学理论，旅游收入通过初次分配和再分配后，其用于生产性投资和生活消费的数量会随着每次分配而增加，最终形成乘数效应，从而使国民收入总量增长，旅游业的收入效应可以表现为旅游收入对经济的直接影响、间接影响和诱导影响。

本章以《2002年中国投入产出表》和《2007年中国投入产出表》为基础，对旅游业发展的相关活动进行剥离，以剥离后的广义旅游业为分析对象，建立国民经济统计项中17部门加上广义旅游业共18部门的投入产出流量表，并采用较为科学严谨的计算方法，测得旅游业的直接增加值、间接增加值和诱导增加值，并测算旅游业产出乘数、对国民经济贡献度、对税收的影响和对居民收入的影响。

3.1　数据来源与模型建立

本章以2006年国家统计局发布的《2002年中国投入产出表》和2009年发布的《2007年中国投入产出表》为基本数据来源，以《中国统计年鉴》、《中国旅游统计年鉴》及《中国国内旅游抽样调查资料》所提供的数据为补充。本章以广义旅游业为研究对象。第2章中谈到，广义旅游业是指为满足游客在旅游中对交通、通信、游览、娱乐、餐饮、住宿、购物、生活服务等需求而提供服务或货物的行业，包括交通运输业、通信业、生活服务业（含旅馆、旅行社、文体康乐业等）、餐饮业、商业等行业中与旅游者的消费直接有关的部分。这个概念在做定性分析时看似简洁、准确，但是若要对广义旅游业做量化分析（建立广义旅游业的投入产出流量表），就必须从交通运输业、通信业、生活服务业（含旅馆、旅行社、文体康乐业等）、餐饮业、商业等行业中把与旅游消费相关的部门剥离出来，这并不是一件容易的事情，本书进行了相关的探索与尝试。

本章以《中国国内旅游抽样调查资料》中的旅游收入统计项（旅游消费结构），即餐饮、住宿、长途交通、市内交通、游览、购物、娱乐、邮电通信和其他九个方面为依据，以《2002年中国投入产出表》和《2007年中国投入产出表》为基础，从《2002 年中国投入产出表》和《2007 年中国投入产出表》135（122）部门中剔选出 25（21）个旅游直接相关部门①。这 25（21）部门中既包括旅游相关活动，也包括了非旅游的相关活动。例如，交通运输中货运交通不属于旅游活动，本章采用一定的方法尝试从 25（21）部门中剥离出旅游相关活动。可以把剥离出旅游相关活动的 25（21）部门称为广义旅游业，也即为本章的分析对象。

　　本章对旅游业的相关活动进行剥离的具体做法是，以《2002 年中国投入产出表》、《2007 年中国投入产出表》和《中国国内旅游抽样调查资料》为基础，选取与旅游业相关的部门。《中国国内旅游抽样调查资料》中的旅游收入统计项（旅游消费结构）包括餐饮、住宿、长途交通、市内交通、游览、购物、娱乐、邮电通信和其他九个方面，以此九个方面为依据，从《2007 年中国投入产出表》135 部门中选取和归集出 25 部门与之一一对应，具体结果见表 3.1。

表 3.1　135 部门中旅游业直接相关部门

旅游六要素	旅游收入统计项	投入产出 135 部门的经济部门	个数
食	餐饮	餐饮业	1
住	住宿	住宿业	1
行	长途交通	铁路运输业；道路运输业；水上运输业；航空运输业	4
	市内交通	城市公共交通业	1
游	游览	旅游业；水利管理业；环境管理业；公共设施管理业	4
购	购物	批发零售业	1
娱	娱乐	新闻出版业；广播、电视、电影和音像业；文化艺术业；体育；娱乐业	5
其他	邮电通信	邮政业；电信和其他信息传输服务业	2
	其他	保险业；租赁业；商务服务业；居民服务业；其他服务业；公共管理和社会组织	6
合计			25

注：具体产品部门含义见《2007 年中国投入产出表》，对应《2002 年中国投入产出表》为 21 个子部门，其中，信息传输服务业（2002 年）与电信和其他信息传输服务业（2007 年）对应；环境资源与公共设施管理业（2002 年）与环境管理业（2007 年）和公共设施管理业（2007 年）对应；居民服务和其他服务业（2002 年）与居民服务业（2007 年）和其他服务业（2007 年）对应；文化艺术和广播电影电视业（2002 年）与新闻出版业（2007 年）、广播电视电影和音像业（2007 年）、文化艺术业（2007 年）等对应

　　根据以上的归纳对应，可以对《2002 年中国投入产出表》和《2007 年中国投入产出表》进行重新归集，得到 9 类旅游特征产品部门的投入产出流量表，见表 3.2。根据该投入产出表可以获得 25 部门广义旅游业的增加值和总产值。2002 年的 21 部门旅游业的总产出为 63 926.55 亿元（表 3.3 中总投入合计），增加值为 31 661.99

亿元（表 3.3 中增加值合计）；2007 年的 25 部门旅游业的总产出为 124 118.00 亿元（表 3.2 中总投入合计），增加值为 60 963.68 亿元（表 3.2 中增加值合计）。

表 3.2　2007 年 9 类旅游特征产品部门的投入产出流量表（单位：亿元）

旅游收入统计项	餐饮	住宿	长途交通	市内交通	游览	购物	娱乐	邮政通信	其他
餐饮	31.64	32.80	235.54	7.50	248.54	532.15	77.89	51.55	1 176.89
住宿	9.32	47.86	74.94	2.31	208.27	152.67	54.89	25.45	873.09
长途交通	87.40	30.89	1 386.31	6.90	290.97	2 147.71	74.27	98.29	849.44
市内交通	5.03	2.99	8.12	0.37	2.74	66.78	6.98	4.07	188.19
游览	5.05	5.09	17.42	3.90	250.37	18.43	28.05	40.93	157.84
购物	354.17	59.15	268.79	23.35	26.66	187.68	82.45	275.91	623.38
娱乐	14.58	33.65	43.63	2.59	22.54	156.68	170.53	29.72	370.74
邮政通信	15.61	63.73	244.21	5.26	15.01	331.96	42.41	138.15	801.44
其他	232.39	211.16	708.03	61.03	170.13	2 276.01	149.61	258.51	2 356.48
劳动报酬	1 016.27	521.61	3 156.67	361.18	869.77	4 188.61	692.73	958.03	10 417.46
增加值	4 376.19	1 190.53	11 059.60	1 182.36	1 624.28	17 332.44	1 522.35	5 510.39	17 165.54
总投入	11 999.53	2 815.91	23 777.73	2 188.31	3 781.48	28 832.54	3 540.91	8 424.85	38 756.73

表 3.3　2002 年 9 类旅游特征产品部门的投入产出流量表（单位：亿元）

旅游收入统计项	餐饮	住宿	长途交通	市内交通	游览	购物	娱乐	邮政通信	其他
餐饮	11.49	12.42	69.68	2.16	60.87	387.94	19.92	7.62	460.31
住宿	5.17	42.37	46.89	0.98	40.23	91.99	16.87	15.71	415.75
长途交通	59.55	9.48	1 237.65	8.98	128.08	409.61	27.88	23.58	474.10
市内交通	1.86	11.16	7.28	6.01	10.32	11.75	2.76	0.63	48.00
游览	0.01	5.31	19.55	4.71	114.66	34.44	5.81	0.06	213.47
购物	328.24	57.72	180.67	16.31	32.40	357.56	68.74	118.39	519.28
娱乐	6.19	1.10	4.01	0.46	19.23	19.41	69.57	44.48	120.89
邮政通信	18.34	39.06	87.49	1.67	20.61	183.79	79.69	42.43	500.89
其他	116.02	69.23	426.47	25.47	50.33	1 048.29	41.37	80.86	705.07
劳动报酬	788.45	220.39	2 104.90	309.82	579.36	3 913.88	450.96	649.97	5 788.74
增加值	2 201.54	691.92	5 159.08	520.91	1 000.83	9 282.29	820.19	2 905.17	9 080.07
总投入	5 615.18	1 530.91	10 701.69	920.44	1 996.88	17 144.91	1 760.96	4 544.89	19 710.69

但是，由《中国统计年鉴》可以得出，2002 年和 2007 年的旅游收入分别为 5 561.75 亿元和 10 987.20 亿元。所以，包含 25 部门的广义旅游业的产值远远超出了实际的旅游产出（旅游收入）。其原因也很明显，与旅游业相关的 25 部门（2002 年 21 部门）中并不是全部进行的旅游生产活动，如交通中的货运交通不属于旅游生产活动。

　　由于 25（21）个旅游直接相关部门包括的生产活动远远超出了旅游业本身的生产活动，因此不能用来代替旅游业分析其与国民经济之间的关系。所以，本小节利用旅游剥离系数对 25（21）个旅游相关部门的旅游生产活动进行剥离，从而能相对较为真实地对旅游生产活动进行分析。

　　旅游剥离系数是指各个旅游相关产品部门对应的旅游产出除以该产品部门的总产出。该系数表明了在该产品部门中旅游生产活动产出占所有生产活动产出的比例。

$$\lambda_j = \frac{Y_{rj}}{Y_j}, \quad j = 1, \cdots, 9 \qquad (3.1)$$

其中，λ_j 表示各（j）部门的旅游剥离系数；Y_{rj} 表示各（j）部门对应的旅游产值（旅游收入）；Y_j 表示 j 部门的总产出。据此，可以算出 9 个旅游相关产品部门的剥离系数，见表 3.4 和表 3.5。

表 3.4　2007 年旅游业产出与剥离系数

旅游收入统计项	投入产出 135 部门的经济部门	旅游总产出/亿元	总产出/亿元	剥离系数
餐饮	餐饮业	776.76	11 999.53	0.119 20
住宿	住宿业	1 528.31	2 815.91	0.232 88
长途交通	铁路运输业；道路运输业；水上运输业；航空运输业	2 834.37	23 777.73	0.542 74
市内交通	城市公共交通业	299.81	2 188.31	0.064 73
游览	旅游业；水利管理业；环境管理业；公共设施管理业	880.63	3 781.48	0.080 73
购物	批发零售业	2 327.66	28 832.54	0.089 83
娱乐	新闻出版业；广播、电视、电影和音像业；文化艺术业；体育；娱乐业	318.08	3 540.91	0.017 01
邮电通信	邮政业；电信和其他信息传输服务业	143.34	8 424.85	0.137 00
其他	保险业；租赁业；商务服务业；居民服务业；其他服务业；公共管理和社会组织	1 849.16	38 756.73	0.047 71
合计		10 958.12	124 117.98	—

表 3.5　2002 年旅游业产出与剥离系数

旅游收入统计项	投入产出 135 部门的经济部门	旅游总产出/亿元	总产出/亿元	剥离系数
餐饮	餐饮业	408.76	5 615.18	0.072 80
住宿	住宿业	813.63	1 530.91	0.531 47
长途交通	铁路运输业；道路运输业；水上运输业；航空运输业	1 448.29	10 701.69	0.135 33
市内交通	城市公共交通业	186.02	920.44	0.202 10
游览	旅游业；水利管理业；环境管理业；公共设施管理业	572.45	1 996.88	0.286 67
购物	批发零售业	1 102.89	17 144.91	0.064 33

续表

旅游收入统计项	投入产出 135 部门的经济部门	旅游总产出/亿元	总产出/亿元	剥离系数
娱乐	新闻出版业；广播、电视、电影和音像业；文化艺术业；体育；娱乐业	215.24	1 760.96	0.122 23
邮电通信	邮政业；电信和其他信息传输服务业	88.02	4 544.89	0.019 37
其他	保险业；租赁业；商务服务业；居民服务业；其他服务业；公共管理和社会组织	726.45	19 710.69	0.036 86
合计		5 561.75	63 926.55	—

以《中国国内旅游抽样调查资料》中的旅游收入统计项（旅游消费结构），即餐饮、住宿、长途交通、市内交通、游览、购物、娱乐、邮电通信和其他九个方面为依据，从《2007 年中国投入产出表》135 部门中剔选出 25 个旅游直接相关部门。这 25 部门中既包括旅游相关活动，也包括了非旅游的相关活动。例如，交通中的货运交通不属于旅游活动，本书尝试从 25 部门中剥离出旅游相关活动。

从投入产出表 135（122）部门中剔选出 25（21）个旅游直接相关部门，并对 25（21）个旅游直接相关部门中的旅游活动进行剥离，把剥离出旅游相关活动的 25（21）部门称为广义旅游业，也即为本章的分析对象。

《中国统计年鉴》中的国民经济是从 17 个方面进行统计，可以称这 17 个方面为国民经济统计项或国民经济统计的 17 部门。要将旅游业与《中国统计年鉴》中国民经济 17 部门之间进行分析，需要对投入产出表进行重新归集，需要建立包括广义旅游业与 17 个国民经济部门的 18 部门的投入产出表。

以《2007 年中国投入产出表》为例，首先归集广义旅游业，从 135 部门中选取与旅游业相关的 25 部门；然后，利用旅游剥离系数对 25 部门的旅游生产活动投入及需求进行剥离。此时，可以将旅游剥离系数应用于其他产品部门对这些旅游生产活动的影响分析，对投入产出表中的投入和需求进行剥离。例如，农业对旅游生产活动的需求，可以等于农业对各个旅游相关产品部门的需求乘以该部门的旅游剥离系数。具体的剥离计算表达式如下：

$$\text{RX}_i = \sum_{j=1}^{9} \lambda_j l_j, \qquad l_j = \sum x \qquad (3.2)$$

$$\text{RY}_j = \sum_{i=1}^{9} \lambda_i h_i, \qquad h_i = \sum y \qquad (3.3)$$

其中，RX_i 和 RY_j 表示 18 部门投入产出流量表中广义旅游业对应行和列的值；λ_j 表示各（j）部门的旅游剥离系数；l_j 表示第 j 个旅游相关产品部门的行值，等于该部门对应的子产品部门的投入值之和；h_i 表示第 i 个旅游相关产品部门的列值，等于该部门对应的子产品部门的需求值之和。

计算步骤如图 3.1 所示。

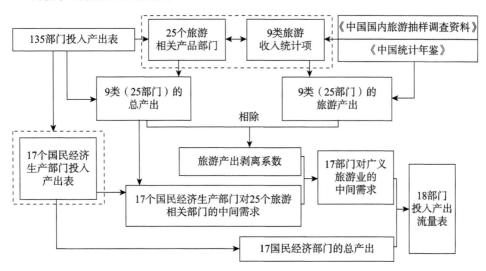

图 3.1　18 部门投入产出流量表的建立步骤示意图

　　首先,利用由 135 部门投入产出表调整得到的 9 类 25 个旅游相关部门的分类,通过旅游收入及其结构分析出 9 类旅游相关产品部门的旅游产出,并得到旅游相关产品部门的旅游剥离系数;其次,由 135 部门投入产出表调整得到的 17 个国民经济生产部门投入产出表,并归集出 17 个国民经济生产部门对 25 个旅游直接相关部门的中间需求;利用该中间需求乘以旅游产出剥离系数,就可以得到 17 部门对广义旅游业的中间需求,从而得到 18 部门投入产出流量表;最后,利用 18 个产品部门投入产出量表可以进行各种分析。

　　2007 年的 135 部门投入产出流量表被归集为包括全部经济部门的 17 部门和广义旅游业的 18 部门投入产出表,见表 3.6。

表 3.6　2007 年旅游业的投入产出流量表（单位：亿元）

国民经济部门	农业	工业	建筑业	交通运输、仓储和邮政业	信息传输、计算机服务软件业	批发和零售业
农业	6 877.16	24 657.47	259.30	379.74	0.00	7.64
工业	10 248.32	326 099.91	37 925.50	10 912.89	2 174.61	3 199.07
建筑业	11.33	159.79	598.04	122.95	13.99	90.24
交通运输、仓储和邮政业	797.47	11 705.79	4 737.42	2 264.69	186.77	2 597.76
信息传输、计算机服务和软件业	173.33	2 016.93	939.35	297.83	340.32	317.24
批发和零售业	722.46	9 767.73	1 466.59	400.72	270.40	187.68
住宿和餐饮业	129.24	2 568.55	556.14	388.85	151.15	684.81

续表

国民经济部门	农业	工业	建筑业	交通运输、仓储和邮政业	信息传输、计算机服务软件业	批发和零售业
金融业	406.36	7 083.36	549.14	1 586.22	138.82	1 140.66
房地产业	10.34	1 048.87	35.17	116.65	201.94	693.92
租赁和商务服务业	71.53	3 805.24	219.21	167.35	347.36	1 743.39
科学研究、技术服务和地质勘查业	381.55	2 809.15	673.11	40.28	36.29	178.33
水利、环境和公共设施管理业	98.83	310.99	3.09	9.54	2.53	9.02
居民服务和其他服务业	185.46	1 235.65	103.28	608.37	70.40	415.74
教育	47.72	213.46	20.75	60.90	24.98	61.83
卫生、社会保障和社会福利业	45.34	746.67	24.61	21.34	3.09	6.95
文化、体育和娱乐业	12.25	589.22	90.05	61.85	43.71	156.68
公共管理和社会组织	15.15	58.51	7.55	7.84	3.18	9.14
中间投入	20 233.83	394 877.28	48 208.28	17 448.01	4 009.53	11 500.10
劳动者报酬	27 181.63	38 588.87	7 405.32	4 058.81	1 139.29	4 188.61
生产税净额	47.80	25 209.92	1 800.37	1 420.03	346.99	4 204.54
固定资产折旧	1 429.74	17 386.04	775.69	2 834.95	2 515.55	1 231.39
营业盈余	800.02	38 797.00	4 532.08	6 669.07	2 019.07	7 707.90
增加值	28 659.17	119 981.83	14 513.45	14 982.86	6 020.90	17 332.44
总投入	48 893.00	514 859.11	62 721.74	32 430.87	10 030.42	28 832.54
广义旅游业	199.06	2 884.55	475.67	388.30	122.55	530.23

国民经济部门	住宿和餐饮业	金融业	房地产业	租赁和商务服务业	科学研究、技术服务和地质勘查业	水利、环境和公共设施管理业
农业	1 777.02	0.00	0.67	20.13	56.13	102.58
工业	5 650.49	1 228.66	957.81	4 920.54	1 600.85	573.49
建筑业	37.36	24.82	180.06	8.90	15.14	39.03
交通运输、仓储和邮政业	220.05	448.49	61.64	508.54	206.55	27.93
信息传输、计算机服务和软件业	57.05	494.39	41.93	42.22	27.78	14.23
批发和零售业	413.31	76.89	42.20	241.09	71.16	23.31
住宿和餐饮业	121.63	734.43	161.61	765.04	209.96	34.92
金融业	267.00	1 250.56	366.72	471.58	130.55	80.40
房地产业	203.44	514.55	131.77	154.47	45.93	4.67
租赁和商务服务业	218.66	867.23	323.27	478.62	69.71	23.67
科学研究、技术服务和地质勘查业	2.73	27.48	18.83	11.76	264.33	7.76
水利、环境和公共设施管理业	6.09	12.50	3.35	84.92	1.67	39.63
居民服务和其他服务业	205.45	107.25	91.90	200.87	48.46	50.06

续表

国民经济部门	住宿和餐饮业	金融业	房地产业	租赁和商务服务业	科学研究、技术服务和地质勘查业	水利、环境和公共设施管理业
教育	13.02	119.79	6.53	13.96	21.75	6.48
卫生、社会保障和社会福利业	4.26	21.98	3.74	2.15	9.86	7.47
文化、体育和娱乐业	48.23	113.67	56.84	50.32	29.45	11.64
公共管理和社会组织	2.94	7.06	6.50	2.00	1.55	0.59
中间投入	9 248.71	6 049.74	2 455.39	7 977.10	2 810.84	1 047.84
劳动者报酬	1 537.88	3 488.77	1 338.66	1 317.85	1 593.69	550.49
生产税净额	615.77	1 516.07	1 893.52	395.10	226.03	43.50
固定资产折旧	532.69	193.83	6 409.30	836.20	347.75	274.01
营业盈余	2 880.39	8 232.61	2 677.75	1 258.34	797.80	242.41
增加值	5 566.72	13 431.28	12 319.24	3 807.48	2 965.26	1 110.41
总投入	14 815.44	19 481.02	14 774.62	11 784.58	5 776.10	2 158.25
广义旅游业	112.98	386.69	77.66	375.62	99.52	26.93

国民经济部门	居民服务和其他服务业	教育	卫生、社会保障和社会福利业	文化、体育和娱乐业	公共管理和社会组织	广义旅游业
农业	88.15	36.84	59.54	21.59	0.00	146.84
工业	3 030.18	2 792.81	5 738.62	1 124.01	3 078.63	2 976.84
建筑业	66.48	94.64	272.87	35.48	228.85	59.45
交通运输、仓储和邮政业	164.64	410.51	64.90	94.88	623.21	626.37
信息传输、计算机服务和软件业	34.21	183.23	147.74	38.94	349.40	122.89
批发和零售业	166.77	153.26	451.04	82.45	176.59	153.47
住宿和餐饮业	139.14	493.80	133.53	132.78	1099.67	357.50
金融业	195.56	455.76	79.12	72.69	281.76	434.91
房地产业	254.10	80.01	27.61	61.08	94.44	145.13
租赁和商务服务业	128.95	355.09	106.33	95.43	155.03	293.20
科学研究、技术服务和地质勘查业	6.67	78.78	24.89	7.37	21.58	25.01
水利、环境和公共设施管理业	13.56	27.76	3.89	4.40	42.18	35.88
居民服务和其他服务业	394.25	164.36	95.68	53.17	307.25	212.88
教育	7.87	251.10	39.73	13.01	367.54	41.44
卫生、社会保障和社会福利业	3.90	42.77	37.59	9.94	68.54	10.59
文化、体育和娱乐业	40.24	130.80	20.33	170.53	233.13	76.17
公共管理和社会组织	2.12	3.86	2.01	0.80	4.58	2.75
中间投入	4 736.78	5 755.39	7 305.41	2 018.55	7 132.36	5 721.34
劳动者报酬	1 140.15	5 734.75	2 556.86	692.73	7 532.95	1 890.92

续表

国民经济部门	居民服务和其他服务业	教育	卫生、社会保障和社会福利业	文化、体育和娱乐业	公共管理和社会组织	广义旅游业
生产税净额	265.84	187.03	133.18	169.68	43.37	704.88
固定资产折旧	196.89	677.26	342.78	201.46	1 070.02	827.69
营业盈余	2 414.73	711.41	784.34	458.48	38.87	1 813.29
增加值	4 017.60	7 310.46	3 817.16	1 522.35	8 685.21	5 236.78
总投入	8 754.38	13 065.85	11 122.56	3 540.91	15 817.57	10 958.12
广义旅游业	89.02	217.44	74.47	81.01	427.80	218.29

国民经济部门	中间需求	总需求	最终消费	出口	总产出
农业	34 343.97	48 549.26	11 497.67	665.98	48 893.00
工业	421 256.40	583 871.09	38 617.31	81 199.17	514 859.11
建筑业	1 999.96	62 187.30	931.87	408.87	62 721.74
交通运输、仓储和邮政业	25 121.22	33 473.92	4 031.91	4 031.55	32 430.87
信息传输、计算机服务和软件业	5 516.11	10 177.38	2 980.59	446.52	10 030.42
批发和零售业	14 713.66	28 453.76	7 747.71	4 007.56	28 832.54
住宿和餐饮业	8 505.24	14 989.76	5 747.99	736.52	14 815.44
金融业	14 556.24	19 057.56	4 415.07	86.24	19 481.02
房地产业	3 678.96	14 649.76	7 564.54	0.00	14 774.62
租赁和商务服务业	9 176.05	14 177.78	1 792.26	3 209.47	11 784.58
科学研究、技术服务和地质勘查业	4 590.90	6 392.40	1 456.95	26.05	5 776.10
水利、环境和公共设施管理业	673.95	2 110.36	1 436.41	0.00	2 158.25
居民服务和其他服务业	4 337.59	8 627.81	4 005.34	284.88	8 754.38
教育	1 290.41	13 070.61	11 754.35	25.85	13 065.85
卫生、社会保障和社会福利业	1 060.19	11 536.94	10 434.60	42.15	11 122.56
文化、体育和娱乐业	1 858.93	3 858.76	1 671.65	328.17	3 540.91
公共管理和社会组织	135.36	15 834.66	15 657.31	42.00	15 817.57
中间投入	552 815.15	891 019.10	—	—	—
劳动者报酬	110 047.30	—	—	—	—
生产税净额	38 518.72	—	—	—	—
固定资产折旧	37 255.53	—	—	—	—
营业盈余	80 222.26	—	—	—	—
增加值	266 043.81	—	—	—	—
总投入	818 858.96	—	—	—	—
广义旅游业	6 569.50	11 355.79	3 321.64	1 277.12	10 958.12

注：因广义旅游业实际上已经包括在 17 个产业部门之中，所以中间投入的计算时不能加总广义旅游业的中间投入。此处增加广义旅游业主要是为了分析旅游与各个部门之间的投入产出关系

　　归集之后的投入产出流量表中 2007 年广义旅游业对应的总投入的流量为
10 958.12 亿元（表 3.6）。由《中国统计年鉴》查出：2007 年旅游外汇收入为 419.19
亿美元，国内旅游收入为 7 770.62 亿元，当年汇率为 7.604 0，计算出 2007 年旅
游业总收入为 10 987.201 96 亿元。该值正好与 2007 年旅游收入总额 10 958.12 亿
元相接近。同样归集重建后的 2002 年投入产出流量表中广义旅游业的旅游产出为
5 561.75 亿元（表 3.7），由《中国统计年鉴》统计出来的旅游总收入为 5 565.54
亿元，这两个结果也比较接近，由此可以进一步说明了以国内旅游抽样调查旅游
收入统计项（旅游消费结构）为依据，从 135 部门中选取归集出 25 部门的正确性，
以及对这 25 个旅游相关部门的旅游活动剥离的正确性。无论是 2007 年还是 2002
年本书剥离出来的广义旅游业的产出几乎刚好等于旅游业的收入。这也为接下来
的测算分析提供了科学合理的依据。

表 3.7　2002 年旅游业的投入产出流量表（单位：亿元）

国民经济部门	农业	工业	建筑业	交通运输、仓储和邮政业	信息传输、计算机服务软件业	批发和零售业
农业	4 636.82	7 881.68	2 286.30	131.68	1.25	248.43
工业	4 992.81	86 044.82	14 439.70	4 028.58	1 740.41	3 439.48
建筑业	49.71	94.37	33.86	196.19	53.21	118.37
交通运输、仓储和邮政业	615.22	5 271.60	1 275.98	1 628.61	54.52	554.28
信息传输、计算机服务和软件业	44.18	1 396.93	1 115.94	134.88	108.64	366.45
批发和零售业	744.29	6 550.51	1 240.63	281.56	178.38	357.56
住宿和餐饮业	51.51	935.26	163.09	143.75	37.41	479.93
金融业	451.39	1 999.36	235.07	725.15	45.35	983.85
房地产业	8.85	242.17	4.49	28.40	52.38	331.15
租赁和商务服务业	66.63	1 824.77	373.99	143.08	48.63	531.20
科学研究、技术服务和地质勘查业	131.49	378.03	126.31	9.49	20.53	59.94
水利、环境和公共设施管理业	54.23	40.59	162.55	26.70	0.98	34.44
居民服务和其他服务业	64.26	694.69	29.82	33.64	36.42	299.50
教育	20.99	147.24	24.62	34.32	5.44	36.07
卫生、社会保障和社会福利业	11.41	172.25	10.76	20.48	0.97	2.54
文化、体育和娱乐业	4.49	245.06	15.37	14.01	36.83	19.41
公共管理和社会组织	0.00	0.00	0.00	0.00	0.00	0.00
中间投入	11 948.28	113 919.32	21 538.49	7 580.54	2 421.36	7 862.63
劳动者报酬	13 315.97	18 620.20	3 898.60	3 096.11	681.99	3 913.88
生产税净额	544.65	9 963.90	284.89	611.04	195.87	3 539.15
固定资产折旧	764.91	7 670.54	702.10	1 840.37	1 111.62	735.45
营业盈余	2 004.93	12 252.43	1 708.60	1 478.38	1 102.71	1 093.81

续表

国民经济部门	农业	工业	建筑业	交通运输、仓储和邮政业	信息传输、计算机服务软件业	批发和零售业
增加值	16 630.47	48 507.06	6 594.19	7 025.89	3 092.19	9 282.29
总投入	28 578.74	162 426.38	28 132.68	14 606.43	5 513.55	17 144.91
广义旅游业	141.11	1 319.24	307.70	269.07	38.22	212.38

国民经济部门	住宿和餐饮业	金融业	房地产业	租赁和商务服务业	科学研究、技术服务和地质勘查业	水利、环境和公共设施管理业
农业	0.00	1.17	9.44	14.98	13.55	31.10
工业	619.41	468.20	1 843.02	545.59	398.85	1 532.83
建筑业	111.50	297.69	24.13	49.54	43.73	82.63
交通运输、仓储和邮政业	206.70	68.57	240.74	77.23	24.90	82.95
信息传输、计算机服务和软件业	321.09	41.76	71.87	37.71	15.21	37.26
批发和零售业	56.20	39.76	183.74	53.06	29.75	151.66
住宿和餐饮业	227.43	105.77	186.67	87.93	20.00	56.97
金融业	498.54	569.60	157.79	86.56	7.06	93.00
房地产业	307.52	70.24	52.47	5.10	5.68	116.95
租赁和商务服务业	169.90	274.67	162.71	36.64	18.84	25.55
科学研究、技术服务和地质勘查业	6.77	10.36	2.66	72.48	5.51	2.33
水利、环境和公共设施管理业	9.56	5.34	21.42	6.12	43.36	44.78
居民服务和其他服务业	12.84	7.55	39.24	26.64	9.74	155.59
教育	37.13	6.03	10.41	5.80	5.38	4.15
卫生、社会保障和社会福利业	21.81	0.45	0.91	13.53	2.56	2.69
文化、体育和娱乐业	31.09	8.93	46.57	14.27	17.55	7.21
公共管理和社会组织	0.00	0.00	0.00	0.00	0.00	0.00
中间投入	2 637.51	1 976.08	3 053.79	1 133.17	661.63	2 427.65
劳动者报酬	1 375.92	1 087.83	744.68	746.41	439.10	1 180.43
生产税净额	114.39	772.93	189.82	124.39	43.09	297.01
固定资产折旧	573.67	2 756.17	201.74	198.26	124.37	317.33
营业盈余	2 612.44	760.67	1 003.52	367.19	−1.48	199.46
增加值	4 676.42	5 377.61	2 139.76	1 436.25	605.08	1 994.24
总投入	7 313.93	7 353.69	5 193.55	2 569.42	1 266.71	4 421.90
广义旅游业	117.27	46.64	126.66	49.44	25.79	53.60

国民经济部门	居民服务和其他服务业	教育	卫生、社会保障和社会福利业	文化、体育和娱乐业	公共管理和社会组织	广义旅游业
农业	31.10	36.69	11.55	13.20	0.00	100.86

续表

国民经济部门	居民服务和其他服务业	教育	卫生、社会保障和社会福利业	文化、体育和娱乐业	公共管理和社会组织	广义旅游业
工业	1 532.83	1 243.14	1 646.71	508.23	1 688.44	1 416.59
建筑业	82.63	320.99	76.22	20.68	156.56	94.67
交通运输、仓储和邮政业	82.95	190.91	47.39	68.66	398.70	323.25
信息传输、计算机服务和软件业	37.26	89.56	31.81	66.59	305.94	93.92
批发和零售业	151.66	132.05	136.99	68.74	168.75	144.44
住宿和餐饮业	56.97	136.53	31.82	36.80	599.83	143.84
金融业	93.00	21.21	9.79	13.86	271.19	229.96
房地产业	116.95	31.67	11.62	19.87	736.87	70.40
租赁和商务服务业	25.55	51.13	16.23	32.35	119.54	112.05
科学研究、技术服务和地质勘查业	2.33	33.90	4.95	1.10	17.93	8.20
水利、环境和公共设施管理业	44.78	11.21	2.36	1.59	90.02	27.99
居民服务和其他服务业	155.59	43.69	7.47	9.14	15.40	44.52
教育	4.15	17.95	10.89	4.22	59.37	16.51
卫生、社会保障和社会福利业	2.69	21.63	10.34	6.18	20.00	5.66
文化、体育和娱乐业	7.21	56.60	15.11	69.57	59.07	22.25
公共管理和社会组织	0.00	0.00	0.00	0.00	0.00	0.00
中间投入	2 427.65	2 438.86	2 071.25	940.77	4 707.61	2 855.10
劳动者报酬	1 180.43	3 074.93	1 467.50	450.96	3 847.15	1 220.92
生产税净额	297.01	58.91	36.62	139.44	42.03	447.90
固定资产折旧	317.33	407.91	288.34	79.96	701.19	469.34
营业盈余	199.46	314.97	266.79	149.83	277.47	568.49
增加值	1 994.24	3 856.72	2 059.26	820.19	4 867.85	2 706.64
总投入	4 421.90	6 295.58	4 130.51	1 760.96	9 575.46	5 561.75
广义旅游业	53.60	91.76	22.55	32.41	299.85	114.69

国民经济部门	中间需求	总需求	最终消费	出口	总产出
农业	16 338.74	28 545.79	10 628.15	474.20	28 578.74
工业	127 307.18	184 621.69	18 935.96	23 795.70	162 426.38
建筑业	1 841.49	29 221.44	0.00	104.59	28 132.68
交通运输、仓储和邮政业	10 920.48	14 689.27	2 076.94	1 451.88	14 606.43
信息传输、计算机服务和软件业	4 243.49	5 587.50	959.84	129.39	5 513.55
批发和零售业	10 759.62	17 396.38	3 010.08	2 533.35	17 144.91
住宿和餐饮业	3 372.15	6 985.78	3 259.09	354.53	7 146.09
金融业	6 307.76	7 809.92	1 480.35	21.81	7 313.93
房地产业	2 075.99	7 339.69	4 375.81	0.00	7 353.69

续表

国民经济部门	中间需求	总需求	最终消费	出口	总产出
租赁和商务服务业	4 024.35	5 734.59	715.89	994.35	5 193.55
科学研究、技术服务和地质勘查业	885.01	2 640.52	1 629.40	0.00	2 569.42
水利、环境和公共设施管理业	555.88	1 297.37	741.31	0.17	1 266.71
居民服务和其他服务业	1 506.65	4 692.69	2 350.88	835.16	4 421.90
教育	444.02	6 660.94	6 202.59	14.33	6 295.58
卫生、社会保障和社会福利业	320.37	4 318.28	3 997.91	0.00	4 130.51
文化、体育和娱乐业	668.42	1 901.13	1 030.13	202.58	1 760.96
公共管理和社会组织	0.00	10 327.32	10 296.84	30.48	9 575.46
中间投入	191 571.60	191 571.60	—	—	—
劳动者报酬	58 950.50	58 950.50	—	—	—
生产税净额	17 462.21	17 462.21	—	—	—
固定资产折旧	18 740.57	18 740.57	—	—	—
营业盈余	26 705.63	26 705.63	—	—	—
增加值	121 858.90	121 858.90	—	—	—
总投入	313 430.50	313 430.50	—	—	—
广义旅游业	3 227.84	5 653.58	1 745.30	587.34	5 561.75

3.2　旅游业增加值的测算

3.2.1　旅游业直接产出及增加值

由旅游目的地的旅游供给所吸引的旅游者，在旅游目的地进行观光游览、休闲度假、探亲访友、商务旅游、公务旅游、会议旅游、专业旅游等旅游活动时需要支付一定数额的费用，这些费用直接转化为向他们提供旅游产品或旅游服务的旅游目的地旅游企业的经营收入。旅游企业在获得旅游收入后，为了继续经营和提供更多的旅游产品或旅游服务，必须将其收入中的一部分用于购买物资、补充库存、维修设施和设备。旅游收入在扣除了这些费用之后的部分即为旅游企业的产出增加，也即旅游的直接产出效应，它等于对应的最终产品价值，反映旅游消费品生产部门的国内生产总值（简称旅游业直接国内生产总值）。

本书对2007年和2002年的旅游业直接产出效应（即旅游业直接国内生产总值）进行了测算，并根据相应行业的增加值率把旅游业总收入中的餐饮、住宿、长途交通、市内交通、游览、购物、娱乐、邮电通信和其他这些服务的总产值数折为增加值数。计算各个旅游相关产品部门的直接旅游业增加值，一般需要假设该部门的旅游增加值率和该部门的总增加值率是相同的。所以，利用部门的旅游剥离系数

乘以部门的总增加值就可以得到该部门的旅游增加值。其计算公式为

$$RGDP = \sum_{j=1}^{m} \lambda_j N_j \qquad (3.4)$$

$$\lambda_j = \frac{Y_{rj}}{Y_j} \qquad (3.5)$$

其中，RGDP 表示旅游业直接影响促进的增加值总额；m 表示按照旅游收入项分类的部门数；N_j 表示各部门对应的增加值；λ_j 表示各（j）部门的旅游剥离系数；Y_{rj} 表示各（j）部门对应的旅游产值（旅游收入）；Y_j 表示 j 部门的总产出。

　　计算步骤如图 3.2 所示。

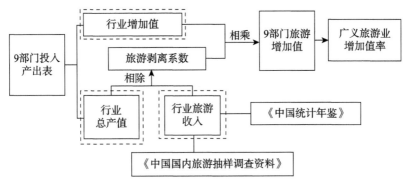

图 3.2　旅游业直接增加值及增加值率求解步骤示意图

　　在计算各项旅游活动收入的增加值率时，需要借用投入产出表。首先，将135 部门的投入产出表（基本流量表）按照前述分类，保留包含这 25 部门所包含的行和列；其次，重新归集成 9 种对应旅游收入项的大类，得到这些大类的增加值项和总投入项；最后，由旅游产出除以总投入得到 9 类旅游收入项的剥离系数。

　　首先，通过旅游收入及其结构分析出 9 类旅游相关产品部门的旅游产出；其次，通过投入产出表计算出各个旅游相关产品部门的行业总产出和行业增加值；再次，利用部门旅游收入除以行业总产出即可得到各旅游相关产品部门的旅游剥离系数；最后，利用旅游剥离系数乘以行业增加值就可以得到各部门的旅游业增加值，利用旅游业增加值除以部门总产值得到广义旅游业的增加值率。广义旅游业的增加值率为利用 25 个相关部门剥离的旅游业增加值之和与旅游业总产值之和的比值，计算结果为 0.477 9。

　　表 3.8 的测算结果表明，2007 年旅游业的直接增加值为 5 236.78 亿元，相当于当年国内生产总值（265 810.31 亿元）的 1.99%，其中国际旅游直接增加值为 1 523.28 亿元，国内旅游直接增加值为 3 713.49 亿元。2002 年旅游业的直接增

加值为 2 706.64 亿元，相当于当年国内生产总值的 2.25%，其中国际旅游直接增加值为 821.11 亿元，国内旅游直接增加值为 1 885.52 亿元。相对于 2002 年，2007 年旅游业直接增加值增长幅度较大。

表 3.8　旅游业的直接增加值（单位：亿元）

旅游收入统计项	投入产出 135 部门的经济部门	2007 年旅游业直接增加值			2002 年旅游业直接增加值		
		国际	国内	总值	国际	国内	总值
餐饮	餐饮业	82.40	200.88	283.28	48.62	111.64	160.26
住宿	住宿业	187.95	458.19	646.15	111.56	256.17	367.73
长途交通	铁路运输业；道路运输业；水上运输业；航空运输业	383.48	934.85	1 318.33	211.81	486.38	698.19
市内交通	城市公共交通业	47.12	114.87	161.99	31.94	73.34	105.28
游览	旅游业；水利管理业；环境管理业；公共设施管理业	110.03	268.23	378.26	87.04	199.87	286.91
购物	批发零售业	407.02	992.24	1 399.26	181.14	415.96	597.11
娱乐	新闻出版业；广播、电视、电影和音像业；文化艺术业；体育；娱乐业	39.78	96.97	136.75	30.41	69.84	100.25
邮电通信	邮政业；电信和其他信息传输服务业	27.27	66.48	93.76	17.07	39.19	56.26
其他	保险业；租赁业；商务服务业；居民服务业；其他服务业；公共管理和社会组织	238.23	580.77	819.00	101.52	233.13	334.65
合计		1 523.28	3 713.49	5 236.78	821.11	1 885.52	2 706.64

3.2.2　旅游业间接产出及增加值

　　旅游企业向旅游目的地其他经济部门的企业支付费用以获得物资和维修服务，从而为后者提供了新增加的市场需求。这些企业必须扩大其生产规模或增加其服务的数量以满足增加的市场需求。为了实现这一目的，同样需要将其从旅游企业那里获得的收入，拿出一部分向旅游目的地另外一些经济部门的企业购买原材料和获得生产设备维修服务，从而启动旅游目的地的下一轮经济活动。这样，旅游收入通过旅游目的地产业间的经济技术关联，将其所产生的产出效应渐次渗透到旅游目的地的整个经济系统，引起整体经济产出水平的提高。这就是旅游业的间接产出效应。

　　测算中国旅游业间接增加值效应时，需要考虑到这种效应是通过产业间的经济技术关联实现的，因而采用投入产出表中的完全消耗关系。旅游生产活动通过旅游产业间的经济技术关联，将其所产生的产出效应渐次渗透到整个经济系统，引起整体经济产出水平的提高，这就是旅游业的间接增加值效应。其测算公式如下：

$$\mathrm{RGDP}_2 = Z_r \left(\sum_{j=1}^{n} X_{rj} - \mathrm{RGDP}_1 \right) \qquad (3.6)$$

$$X_{rj} = \left[(\boldsymbol{I} - \boldsymbol{A})^{-1} - \boldsymbol{I} \right] X_j \qquad (3.7)$$

其中，RGDP 表示旅游业间接影响促进的增加值总额；n 表示按照统计需要重新分类的部门数；X_{rj} 表示各（j）部门的旅游业间接产值，等于各部门对旅游业的完全消耗系数 $\left[(\boldsymbol{I} - \boldsymbol{A})^{-1} - \boldsymbol{I} \right]$ 乘以各部门的总产出；完全消耗系数表示第 j 部门增加一个单位最终使用时对旅游相关产品部门的完全需要量；Z_r 表示剥离后广义旅游业部门的旅游生产活动的综合增加值率；RGDP_1 表示剥离后的广义旅游业对自身的直接需求量；$\sum_{j=1}^{n} X_{rj}$ 表示所有经济部门由于投入产出关系所带动的旅游产值，该产值包括了旅游活动直接相关的 25 部门对自身的直接需求。因此，为避免重复计算，应该扣除这 25 部门对自身的消耗后才表示旅游间接产值。

计算步骤如图 3.3 所示。

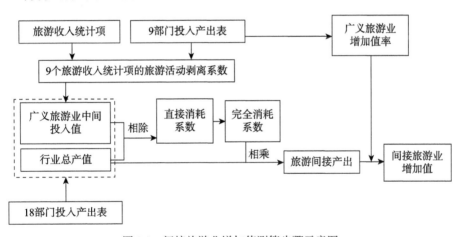

图 3.3　间接旅游业增加值测算步骤示意图

为了便于分析，根据《中国统计年鉴》（2007 年）中的 17 个国民经济统计项（17 部门）将《2007 年中国投入产出表》进行重新归类。另外，为了能得到这 17 部门对广义旅游业需求的完全消耗系数，必须在重新分类的投入产出表中增加一个产业部门——广义旅游业，建立 18 部门的投入产出表（重新归集后的 18 部门的投入产出表见表 3.6）。这样，就可以分析 17 部门对广义旅游业的增加值和直接消耗系数，并计算出相应的增加值率和完全消耗系数，见表 3.9。

表 3.9　旅游业的完全消耗系数和增加值率

国民经济部门	2007 年		2002 年	
	完全消耗系数	增加值率/%	完全消耗系数	增加值率/%
农业	0.012 9	0.586 16	0.014 5	0.581 92
工业	0.024 3	0.233 04	0.026 9	0.298 64
建筑业	0.027 0	0.231 39	0.031 1	0.234 40
交通运输、仓储和邮政业	0.025 9	0.461 99	0.033 7	0.481 01
信息传输、计算机服务和软件业	0.023 3	0.600 26	0.018 9	0.560 83
批发和零售业	0.030 4	0.601 14	0.025 2	0.541 40
住宿和餐饮业	0.022 2	0.375 74	0.025 1	0.404 90
金融业	0.029 3	0.689 45	0.025 9	0.639 38
房地产业	0.010 1	0.833 81	0.014 3	0.731 28
租赁和商务服务业	0.050 6	0.323 09	0.041 5	0.412 00
科学研究、技术服务和地质勘查业	0.030 3	0.513 37	0.032 1	0.558 98
水利、环境和公共设施管理业	0.024 8	0.514 49	0.035 7	0.477 68
居民服务和其他服务业	0.023 8	0.458 92	0.027 1	0.450 99
教育	0.029 0	0.559 51	0.025 8	0.612 61
卫生、社会保障和社会福利业	0.023 4	0.343 19	0.019 2	0.498 55
文化、体育和娱乐业	0.038 9	0.429 93	0.033 6	0.465 76
公共管理和社会组织	0.039 5	0.549 09	0.044 9	0.508 37
广义旅游业	0.034 1	0.477 89	0.035 3	0.486 65

　　利用各个部门对广义旅游业的完全消耗系数乘以该部门的总产出即可得到该部门对旅游业的完全消耗。按照投入产出表的解释,这种完全消耗表示该部门的总产出对旅游业的间接促进,即可以理解为该部门促进的间接旅游业产出值。因此,可以得到各个部门的旅游业间接产出值,见表 3.10。将间接旅游产出与旅游收入中的国际与国内产出的比例相乘,就得到各个部门促进的间接国际旅游产出和间接国内旅游产出。

表 3.10　国民经济 17 部门的间接旅游产出（单位：亿元）

国民经济部门	2007 年			2002 年		
	国际旅游产出	国内旅游产出	间接旅游总产出	国际旅游产出	国内旅游产出	间接旅游总产出
农业	183.47	447.25	630.72	125.71	288.68	414.39
工业	3 639.25	8 871.83	12 511.08	1 325.50	3 043.77	4 369.27
建筑业	492.60	1 200.88	1 693.49	265.43	609.50	874.93
交通运输、仓储和邮政业	244.33	595.63	839.96	149.33	342.91	492.24
信息传输、计算机服务和软件业	67.98	165.73	233.71	31.61	72.59	104.21

续表

国民经济部门	2007 年			2002 年		
	国际旅游产出	国内旅游产出	间接旅游总产出	国际旅游产出	国内旅游产出	间接旅游总产出
批发和零售业	254.96	621.55	876.51	131.07	300.98	432.05
住宿和餐饮业	95.67	233.23	328.90	54.41	124.95	179.37
金融业	166.03	404.76	570.79	57.47	131.96	189.43
房地产业	43.41	105.82	149.22	31.90	73.26	105.16
租赁和商务服务业	173.45	422.85	596.30	65.39	150.15	215.53
科学研究、技术服务和地质勘查业	50.91	124.11	175.02	25.02	57.46	82.48
水利、环境和公共设施管理业	15.57	37.96	53.52	13.72	31.50	45.22
居民服务和其他服务业	60.61	147.75	208.35	36.35	83.48	119.83
教育	110.22	268.69	378.91	49.28	113.15	162.43
卫生、社会保障和社会福利业	75.71	184.56	260.27	24.06	55.25	79.31
文化、体育和娱乐业	40.07	97.67	137.74	17.95	41.22	59.17
公共管理和社会组织	181.74	443.05	624.79	130.43	299.51	429.94
合计	5 895.98	14 373.32	20 269.28	2 534.62	5 820.30	8 354.96

在计算间接旅游产出的 17 部门时, 间接旅游产值的调整实际上已经涵盖了广义旅游业相关产品部门(《2007 年中国投入产出表》中的 135 部门中的 25 个旅游业直接相关部门)。而根据完全消耗系数的含义可知, 广义旅游业对应国民经济 17 部门的完全消耗系数是每增加一个单位广义旅游业的相关产品所需要的 17 部门的完全需要量。该完全需要量包括广义旅游业对自身产品部门的需求量。所以, 在计算间接旅游产出时, 需要剔除这部分对自身的完全需求。

表 3.11 的测算结果表明, 2007 年旅游业投入产出总值为 20 269.29 亿元, 其中国际旅游产出为 5 895.97 亿元, 国内旅游产出为 14 373.32 亿元, 旅游业对自身的需求为 218.29 亿元, 旅游业的间接旅游产出为 20 051.00 亿元, 相当于直接旅游产出的 1.82 倍, 且相当于当年国内生产总值的 7.54%; 2002 年广义旅游业的间接产出为 8 158.61 亿元, 且相当于当年国内生产总值的 6.78%。

表 3.11　旅游业的间接产出(单位: 亿元)

旅游产出	投入产出总值	对自身的需求	间接产出
2007 年旅游产出	20 269.29	218.29	20 051.00
2002 年旅游产出	8 354.94	196.33	8 158.61

由间接旅游产出计算间接旅游业增加值时, 本书采用广义旅游业的增加值

率^①，由剥离后的旅游增加值除以旅游总产出，其结果为 0.477 9。所以，由各个部门促进的间接旅游产出乘以旅游业的增加值率可得到各部门促进的旅游业增加值，见表 3.12。

表 3.12　旅游业的间接产出增加值（单位：亿元）

国民经济部门	2007 年			2002 年		
	国际旅游增加值	国内旅游增加值	间接旅游总增加值	国际旅游增加值	国内旅游增加值	间接旅游总增加值
农业	87.68	213.74	301.41	61.18	140.49	201.67
工业	1 739.16	4 239.76	5 978.92	645.06	1 481.26	2 126.32
建筑业	235.41	573.89	809.30	129.17	296.62	425.79
交通运输、仓储和邮政业	116.76	284.65	401.41	72.67	166.88	239.55
信息传输、计算机服务和软件业	32.49	79.20	111.69	15.38	35.33	50.71
批发和零售业	121.84	297.03	418.88	63.79	146.47	210.26
住宿和餐饮业	45.72	111.46	157.18	26.48	60.81	87.29
金融业	79.35	193.43	272.78	27.97	64.22	92.19
房地产业	20.74	50.57	71.31	15.53	35.65	51.18
租赁和商务服务业	82.89	202.07	284.97	31.82	73.07	104.89
科学研究、技术服务和地质勘查业	24.33	59.31	83.64	12.18	27.96	40.14
水利、环境和公共设施管理业	7.44	18.14	25.58	6.68	15.33	22.01
居民服务和其他服务业	28.96	70.61	99.57	17.69	40.63	58.32
教育	52.67	128.41	181.08	23.98	55.07	79.05
卫生、社会保障和社会福利业	36.18	88.20	124.38	11.71	26.89	38.59
文化、体育和娱乐业	19.15	46.68	65.83	8.74	20.06	28.79
公共管理和社会组织	86.85	211.73	298.58	63.47	145.76	209.23
合计	2 817.63	6 868.87	9 686.49	1 233.49	2 832.47	4 065.96

　　调整是指在包含剥离广义旅游业的 18 部门旅游投入产出表中，并没有对其他 17 个产品部门进行剥离广义旅游业自身产出的剔除。因此，其他 17 个产品部门对剥离广义旅游业的完全消耗系数实际上包括了剥离广义旅游业对自身的直接消耗（直接产出）。所以，应该根据 18 产品部门的投入产出表对这种直接消耗（直接产出）进行剔除，从而得到间接的产出增加值。

　　表 3.13 的测算结果表明，2007 年广义旅游业的间接旅游产出增加值为 9 582.18 亿元，相当于当年国内生产总值的 3.60%；2002 年广义旅游业的间接旅游产出增加

---

　　① 需要注意的是，用各个部门的增加值率还是用广义旅游业的增加值率，因为分析的是各个产品部门对间接旅游产出，既然是旅游产出，所以本书认为应该使用广义旅游业的增加值率来分析各个产品部门促进旅游业生产所产生的旅游业增加值。

值为 3 970.42 亿元，相当于当年国内生产总值的 3.30%，说明旅游业的间接影响作用也比较大。无论是 2002 年还是 2007 年旅游业的间接增加值均大于直接增加值，说明旅游业的间接效应大于其直接效应，且随着时间的推移间接效应得到扩大。

表 3.13　旅游业的间接产值及增加值调整（单位：亿元）

旅游产出	投入产出总值	对自身的需求	间接增加值
2007 年旅游产出	9 686.49	104.32	9 582.18
2002 年旅游产出	4 065.96	95.54	3 970.42

3.2.3　旅游业诱导产出及增加值

旅游企业的员工因提供旅游服务获得报酬，相关产业部门的员工或因生产为旅游服务所需的产品，或因向旅游企业提供相关服务而获得一定的报酬。这些员工把他们收入中的一部分用于消费，购买当地企业生产的产品或享受当地企业提供的服务。员工的消费支出进一步扩大了相关部门的产出，即旅游的诱导产出效应。随着旅游目的地居民收入的增加，其消费也随之增加。部分工资收入用于购买本地生产和提供的商品和服务，从而进一步刺激目的地经济活动的扩大，也使有关企业的营业量得以扩大，并导致收入和就业机会的进一步加大，这便是诱导效应。

测算中国旅游业诱导产出效应时，也需要利用调整后的 18 部门投入产出表。借用剥离后的广义旅游业的劳动报酬系数求得各部门旅游诱导产生的旅游业增加值。其计算公式如下：

$$\text{RGDP} = Z_r \sum_{j=1}^{n} I_j \tag{3.8}$$

$$I_j = \pi_r X_{rj} \tag{3.9}$$

其中，RGDP 表示旅游业诱导性影响促进的旅游业增加值总额；n 表示按照统计需要重新分类的部门数；I_j 表示各（j）部门的旅游诱导性产值，等于该部门全部旅游工资收入；π_r 表示剥离后的广义旅游业的劳动报酬率；X_{rj} 表示各（j）部门的旅游间接产出（这里的间接产出指的是未经调整的旅游间接产出，因为旅游业产生的工资是指旅游总产出所带来的工资，包括剥离后的广义旅游业自身的产出产生的工资）。

计算步骤如图 3.4 所示。

在计算旅游业的诱导产出的时候是使用各个部门的劳动报酬率还是使用广义旅游业的劳动报酬率？因为分析的是旅游业的诱导产出，既然是计算旅游产出就应该使用旅游业的劳动报酬率来分析各个产品部门对旅游的诱导产出。因此，本书采用了广义旅游业的劳动报酬率，由剥离后的旅游劳动报酬除以旅游总产出，其结果为 0.172 56（表 3.14）。

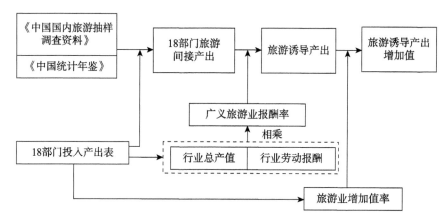

图 3.4　诱导旅游产出增加值测算步骤示意图

表 3.14　国民经济 17 部门的劳动报酬率

国民经济部门	2007 年		2002 年	
	劳动报酬率/%	排序	劳动报酬率/%	排序
农业	0.555 94	1	0.465 94	2
工业	0.074 95	18	0.114 64	18
建筑业	0.118 07	13	0.138 58	16
交通运输、仓储和邮政业	0.125 15	12	0.211 97	10
信息传输、计算机服务和软件业	0.113 58	14	0.123 69	17
批发和零售业	0.145 27	10	0.228 28	9
住宿和餐饮业	0.103 80	16	0.141 17	15
金融业	0.179 09	8	0.188 12	12
房地产业	0.090 61	17	0.147 93	13
租赁和商务服务业	0.111 83	15	0.143 38	14
科学研究、技术服务和地质勘查业	0.275 91	4	0.290 50	6
水利、环境和公共设施管理业	0.255 06	5	0.346 65	5
居民服务和其他服务业	0.130 24	11	0.266 95	7
教育	0.438 91	3	0.488 43	1
卫生、社会保障和社会福利业	0.229 88	6	0.355 28	4
文化、体育和娱乐业	0.195 64	7	0.256 09	8
公共管理和社会组织	0.476 24	2	0.401 77	3
广义旅游业	0.172 56	9	0.200 82	11

　　表 3.15 的测算结果表明，2007 年旅游业诱导产出为 3 497.64 亿元，相当于当年全部直接旅游业产出的 31.9%，占国民经济的 1.32%；2002 年旅游业诱导产出为 1 677.85 亿元，占国民经济的 1.39%，说明旅游业的诱导影响作用相对较小。

表 3.15　旅游业的诱导旅游产出（单位：亿元）

国民经济部门	2007 年			2002 年		
	国际旅游产出	国内旅游产出	诱导旅游总产出	国际旅游产出	国内旅游产出	诱导旅游总产出
农业	31.66	77.18	108.84	25.25	57.97	83.22
工业	627.98	1 530.91	2 158.89	266.19	611.25	877.44
建筑业	85.00	207.22	292.23	53.30	122.40	175.70
交通运输、仓储和邮政业	42.16	102.78	144.94	29.99	68.86	98.85
信息传输、计算机服务和软件业	11.73	28.60	40.33	6.35	14.58	20.93
批发和零售业	44.00	107.25	151.25	26.32	60.44	86.77
住宿和餐饮业	16.51	40.25	56.75	10.93	25.09	36.02
金融业	28.65	69.84	98.50	11.54	26.50	38.04
房地产业	7.49	18.26	25.75	6.41	14.71	21.12
租赁和商务服务业	29.93	72.97	102.90	13.13	30.15	43.28
科学研究、技术服务和地质勘查业	8.78	21.42	30.20	5.02	11.54	16.56
水利、环境和公共设施管理业	2.69	6.55	9.24	2.76	6.33	9.08
居民服务和其他服务业	10.46	25.50	35.95	7.30	16.76	24.07
教育	19.02	46.37	65.38	9.90	22.72	32.62
卫生、社会保障和社会福利业	13.06	31.85	44.91	4.83	11.09	15.93
文化、体育和娱乐业	6.91	16.85	23.77	3.60	8.28	11.88
公共管理和社会组织	31.36	76.45	107.81	26.19	60.15	86.34
合计	1 017.39	2 480.25	3 497.64	509.01	1 168.82	1 677.85

表 3.16 的测算结果表明，2007 年广义旅游业诱导产出增加值为 1 671.47 亿元，相当于当年国内生产总值的 0.63%；2002 年广义旅游业诱导产出增加值为 816.52 亿元，相当于当年国内生产总值的 0.68%，说明旅游业的诱导影响作用相对较小。

表 3.16　旅游业的诱导产出增加值（单位：亿元）

国民经济部门	2007 年			2002 年		
	国际旅游增加值	国内旅游增加值	诱导旅游总增加值	国际旅游增加值	国内旅游增加值	诱导旅游总增加值
农业	15.13	36.88	52.01	12.29	28.21	40.50
工业	300.11	731.61	1 031.71	129.54	297.47	427.01
建筑业	40.62	99.03	139.65	25.94	59.57	85.51
交通运输、仓储和邮政业	20.15	49.12	69.27	14.59	33.51	48.11
信息传输、计算机服务和软件业	5.61	13.67	19.27	3.09	7.09	10.18
批发和零售业	21.03	51.26	72.28	12.81	29.41	42.22
住宿和餐饮业	7.89	19.23	27.12	5.32	12.21	17.53
金融业	13.69	33.38	47.07	5.62	12.90	18.51

续表

国民经济部门	2007 年			2002 年		
	国际旅游 增加值	国内旅游 增加值	诱导旅游 总增加值	国际旅游 增加值	国内旅游 增加值	诱导旅游 总增加值
房地产业	3.58	8.73	12.31	3.12	7.16	10.28
租赁和商务服务业	14.30	34.87	49.17	6.39	14.67	21.06
科学研究、技术服务和地质勘查业	4.20	10.23	14.43	2.45	5.62	8.06
水利、环境和公共设施管理业	1.28	3.13	4.41	1.34	3.08	4.42
居民服务和其他服务业	5.00	12.18	17.18	3.55	8.16	11.71
教育	9.09	22.16	31.25	4.82	11.06	15.87
卫生、社会保障和社会福利业	6.24	15.22	21.46	2.35	5.40	7.75
文化、体育和娱乐业	3.30	8.05	11.36	1.75	4.03	5.78
公共管理和社会组织	14.99	36.54	51.52	12.75	29.27	42.02
合计	486.21	1 185.29	1 671.47	247.72	568.82	816.52

3.2.4　旅游业产出乘数的测算

在一定程度上，旅游者在某个旅游直接影响行业部门中的单位消费所引起的各旅游相关部门总产出量的变化值之和，可视为该旅游直接影响行业部门的旅游产出乘数值。

旅游产出乘数用于测定单位旅游收入与由其所带来的旅游目的地收入之间的比例关系。根据旅游乘数理论，当一个旅游目的地增加一笔旅游收入时，就会引起该旅游活动对目的地经济的增长，即国民收入总量的增加，用公式 $\Delta Y = K\Delta I$ 表示。其中，ΔY 为旅游收入增量；ΔI 为国民收入增量；K 为乘数。根据前面的测算可以计算中国旅游相关产品部门的旅游产出乘数。

从表 3.17 可以看出，旅游业直接产出总值为 10 958.12 亿元，远远大于旅游业产出直接增加值的 5 236.78 亿元。2007 年旅游业的直接增加值为 5 236.78 亿元，间接增加值为 9 582.18 亿元，由此可知间接增加值远大于直接增加值，说明旅游业的间接效应比较明显，产业带动性较强；诱导增加值为 1 671.49 亿元，远小于直接效应和间接效应，说明旅游业的诱导效应并不像有些学者专家预测的那样大。2007 年的旅游产出乘数是 3.15。

表 3.17　2007 年旅游产出乘数测算

旅游产出	旅游产出/亿元	旅游业增加值/亿元	旅游产出与国内 生产总值比值/%	旅游增加值与国内 生产总值比值/%
直接	10 958.12	5 236.78	4.12	1.99
间接	20 051.00	9 582.18	7.54	3.60
诱导	3 497.64	1 671.49	1.32	0.47
合计	34 506.76	16 490.45	12.98	6.06
旅游产出乘数	—	3.15	—	—

　　从表 3.18 可以看出，旅游业直接产出总值为 5 561.75 亿元，远远大于旅游业直接产出增加值的 2 706.64 亿元。2002 年旅游业的直接增加值为 2 706.64 亿元；2007 年旅游业直接增加值为其的 2 倍；2002 年的间接增加值为 3 970.42 亿元，2007年旅游业间接增加值是 2002 年的 2.4 倍，随着时间的推移旅游业的间接效应得到扩大，对别的产业的贡献增强；诱导增加值为 816.53 亿元，与 2007 年一样，旅游业的诱导效应并不显著。2002 年的旅游产出乘数是 2.77。

表 3.18　2002 年旅游产出乘数测算

旅游产出	旅游产出/亿元	旅游业增加值/亿元	旅游产出与国内生产总值比值/%	旅游业增加值与国内生产总值比值/%
直接	5 561.75	2 706.64	4.62	2.25
间接	8 158.61	3 970.42	6.78	3.30
诱导	1 677.85	816.53	1.39	0.68
合计	15 398.21	7 493.59	12.79	6.23
旅游产出乘数	—	2.77	—	—

　　2007 年的旅游产出乘数是 3.15，2002 年的旅游产出乘数是 2.77，这说明随着时间和经济的发展旅游业的乘数效应得到了放大。

　　乘数是旅游经济研究中最受关注且最易引起争议的问题，也是最难取得研究成果的领域之一。由于旅游业内涵与外延的不确定性及统计体系与方法的制约，成果很难得到广泛认可。可以借助乘数理念研究旅游业的经济影响，但应把握以下几点：①乘数效应并非旅游业所特有。旅游经济有乘数效应，但这并不是旅游经济的特性。在满足一定条件时，任何一项投资或支出都存在乘数效应。乘数并不是旅游业特有的，任何一项经济活动都有乘数效应。乘数效应是经济活动的普遍性，并非旅游业特殊性，不应把乘数效应作为旅游业"高调定位"的理论依据，更不能以旅游业的乘数效应排斥其他经济活动的乘数效应（师守祥，2007）。②研究旅游业的乘数效应有几个重要的前提。乘数效应是用来说明在一个存在资源闲置的经济中，投资、外贸、开支等是怎样影响产出和就业的。否则，应先研究机会成本、替代成本等问题。③乘数的数值是具体的、动态的。乘数有类型之别，乘数效应在不同的地区是不同的，在同一地区不同的时期也是变化的。旅游业产出乘数并不是固定不变的，它是随着时间的变化而变化的，是一个动态的数值。

　　国民经济 17 部门的产出乘数如表 3.19 所示，2007 年旅游业产出乘数为 3.15，排第 7 位，属于中等偏上；2002 年旅游业产出乘数为 2.77，排第 8 位，属于中等偏上。

表 3.19　旅游业与其他 17 部门的乘数比较

国民经济部门	2007 年		2002 年	
	产出乘数	排序	产出乘数	排序
农业	4.99	1	3.23	5
工业	4.00	3	3.48	3
建筑业	1.07	17	1.16	17
交通运输、仓储和邮政业	3.60	6	3.53	2
信息传输、计算机服务和软件业	2.70	11	3.06	7
批发和零售业	2.91	8	3.14	6
住宿和餐饮业	2.80	9	2.35	9
金融业	3.90	4	3.86	1
房地产业	1.84	14	1.73	14
租赁和商务服务业	3.73	5	3.43	4
科学研究、技术服务和地质勘查业	4.27	2	2.12	13
水利、环境和公共设施管理业	2.29	13	2.16	12
居民服务和其他服务业	2.67	12	2.22	11
教育	1.32	16	1.27	16
卫生、社会保障和社会福利业	1.39	15	1.29	15
文化、体育和娱乐业	2.73	10	2.22	10
公共管理和社会组织	1.04	18	1.00	18
广义旅游业	3.15	7	2.77	8

　　从以上分析可以看出，乘数并不是旅游业特有的，任何一项经济活动都有乘数效应。乘数效应是经济活动的普遍性，并非旅游业的特殊性。并且，旅游业产出乘数并不是固定不变的，它是随着时间的变化而变化的，是一个动态的数值。2002 年的旅游产出乘数是 2.77，2007 年测算的旅游产出乘数是 3.15。

　　从 17 个国民经济部门的乘数可以看出，与旅游业相关的一些行业的乘数最大的为金融业，其乘数为 3.9；与旅游业相关的行业中乘数最小的为公共管理和社会组织，其乘数为 1.04；其他在旅游业占比重较大的行业，如租赁和商务服务业，交通运输、仓储和邮政业，批发和零售业，文化、体育和娱乐业的乘数分别为 3.73、3.60、2.91、2.8 和 2.73。所以，广义旅游业的乘数应该介于 1.04~3.9，并且相对比较接近 3.0。计算出来的 2007 年旅游业产出乘数为 3.15，2002 年旅游业产出乘数为 2.77，都比较接近 3.0，相对来说比较合理。

　　多年来，我国旅游管理部门和部分旅游学者一直沿用世界旅游业理事会

（World Travel and Tourism Council，WTTC）报告的旅游业产出乘数，即 4.3[①]。本书以《2002 年中国投入产出表》和《2007 年中国投入产出表》为基础，从相关产业中剥离出旅游业，测算旅游业 2002 年和 2007 年的直接产出、间接产出和诱导产出，从而测算旅游业的产出乘数。2007 年旅游业产出乘数为 3.15，即旅游业每增加 1 元的产出，将使总产出增加 3.15 元。2002 年旅游业产出乘数为 2.77。旅游业并非独立产业，其产业关联性非常强，因此考虑 135 个关联产业，用剥离方法和完全消耗系数计算旅游乘数更为科学合理。

3.3　旅游业对国民经济贡献分析

3.3.1　旅游业对国内生产总值影响的测算

衡量旅游业发展的宏观经济指标，主要有旅游人次、旅游业总收入及其增长指数等。通常可以用旅游收入占国内生产总值的百分之几来表示旅游业对国民经济的贡献（旅游业在国民经济中的地位）。有些学者，如李江帆和李美云（1999）认为旅游业总收入属于总产值的概念，存在大量的重复计算，而国内生产总值是各产业增加值的总和，因而二者从严格意义上讲不具有可比性，并提出用"旅游业增加值"来代替"旅游业总收入"，并提出剥离系数法。但遗憾的是，他们并没有将此想法付诸实践。想在 135 或 122 部门中剥离出旅游业并非易事，本章进行了相关的尝试。

宋子千和廉月娟（2007）认为，对于一个标准的产业，用增加值来衡量该产业对国内生产总值的贡献是合理的，但应用到旅游业中时，应必须特别小心，如果研究的是泛旅游业，既包括直接旅游相关行业，也包括间接旅游相关行业，虽然仍可以将这些行业的旅游增加值进行累加，以得到它们对国内生产总值的贡献，但是实际上这时得到的数值还是等于旅游业的总产值，即旅游收入。

本书比较认同学者李江帆和李美云（1999）的说法。我国旅游界一直以旅游业收入相当于国内生产总值的比重作为旅游经济贡献的宏观评价指标。这里的旅游收入指的是直接旅游收入[②]，并非宋子千和廉月娟（2007）所说的包括旅游间接收入在内的旅游总收入，所以他们的观点有待商榷。但是对于是否可以仅仅用旅游业直接收入代表旅游业总收入，本书通过计算发现这样做是不科学的，因为旅游业的产业关联性极强，旅游业的间接收入高于直接收入，所以本书认为旅游收

---

① WTTC 计算时的口径为：直接效应=旅游业+住宿业和餐饮业+文化体育娱乐业；间接效应=批发零售业+交通运输及仓储业+其他。以交通运输仓储业为例，其中货运交通和仓储与旅游业没有关联。显然这种计算方法缺乏科学性，并且没有完全考虑旅游业的产业关联性。

② 本章前面小节的计算已经充分说明统计年鉴中的旅游收入只是直接旅游收入，见 3.1 节的内容。

入增加值应包含旅游直接收入增加值和间接收入增加值及诱导收入增加值。

　　首先需要理清旅游业总产值和旅游业增加值的关系。旅游业总产值是指游客在旅游过程中购买服务或货物以满足自己旅行、游览、住宿、餐饮、娱乐、购物等方面的需要而支付的货币，构成旅游经营者的旅游总收入，属于总产值的概念。总产值包含了对中间投入的重复计算，不能真实地反映各产业的贡献。

　　旅游业增加值是指旅游业相关行业为旅游者服务的部分所提供的增加值。从理论上说，旅游活动涉及"行、游、娱、食、住、购"六要素，旅游是游客消费由交通通信服务、游览服务、娱乐服务、餐饮服务、旅店服务、商务服务、生活服务等服务产品，以及食品、旅游用品和其他实物产品组成的产品综合体的过程。游客在旅游中消费的服务和实物产品的总产值等于旅游总收入。旅游总收入中的实物产品以及生产服务产品所消耗的中间产品，不是旅游业生产的，而是第一产业、第二产业或第三产业其他部门生产的。为了准确、客观地区分国民经济各产业部门的经济贡献，旅游业增加值不应该统计旅游业以外的其他产业所提供的增加值，应该从旅游总收入中扣除实物产品和中间消耗的价值，仅统计旅游业所提供的增加值，即旅游业增加值。在经济活动中，统计旅游业增加值有一定难度。因为旅游业不是一个单独的行业，旅游中发生的乘飞机、打电话、购物、用餐、娱乐等活动的经济价值，是被统计在作为独立行业存在的交通、通信、商业、餐饮和其他社会服务业的增加值中的。这些部门并不清楚其顾客是不是旅游者，不可能也不会按顾客类别将提供给顾客消费的各种产品的增加值分为本部门增加值和旅游业增加值。同时，统计制度的问题和统计困难等原因使我国和世界旅游组织都没有单独统计旅游业的增加值。

　　众所周知，国内生产总值的核算就是从增加值的角度出发，衡量一个国家或地区在一定时期内新创造的价值。在宏观上，增加值算法可以避免重复计算，加总结果可以表现整个经济生产的真实成果。旅游收入是指旅游经营者从旅客们在旅游过程中购买服务、货物来满足其旅行中的游览、住宿、餐饮、娱乐、购物等方面获得的货币收入。但是旅游总收入中旅游产品所消耗的中间产品，并不是旅游业所生产的，而是与旅游相关的其他部门生产的。因此，严格上来说，若直接用旅游收入计算在国民经济中所占份额的话，可能会扭曲旅游消费对国民经济的实际贡献。所以，应该从旅游总收入中扣除实物产品和中间消耗的价值来得到旅游增加值。在实际问题中，由于统计的难度和问题，我国并没有相关单独的统计数据。旅游活动发生在乘坐交通工具、购物、餐饮、娱乐活动之中，在数据上很难区分其是属于日常生活还是旅游，因此这种由旅游产生的经济价值被统计在作为相关的交通、商业、餐饮和其他服务业的价值中。难以独立统计给相关研究带来了难度，不过，运用旅游业增加值剥离测算方法，可以将相关产业中属于旅游业创造的价值提取出来。

以 2007 年为例，2007 年旅游收入为 10 987.241 96 亿元，国内生产总值为 249 529.9 亿元，2007 年的旅游收入/GDP=4.39%。这种算法显然存在一定的问题。国内生产总值是各产业的增加值，而旅游收入属于总产值，所谓"旅游总收入相当于国内生产总值的百分之几"的做法，把两个不存在部分与整体关系的数硬扯在一起算百分比，虽可达到夸大旅游业比重以促使人们关注旅游业的效果，但是不科学的提法，容易使人们对国民经济增长产生误导。故不应该用旅游收入占国内生产总值的比重来说明旅游业在国民经济中的地位，应代之以旅游业总产出增加值（直接+间接+诱导）加以说明。

由表 3.20 得出以下结论：以《2007 年中国投入产出表》和《2002 年中国投入产出表》考虑旅游业和 135（122）个产业的关联，测算得到 2007 年旅游直接产出增加值/GDP=1.99%；旅游间接产出增加值/GDP=3.6%；旅游诱导产出增加值/GDP=0.47%。2002 年旅游直接产出增加值/GDP=2.25%；旅游间接产出增加值/GDP=3.41%；旅游诱导产出增加值/GDP=0.69%。以 2007 年为例，用直接产出增加值测算得出的 1.99%比 4.39%小了一半多，说明传统方法测算夸大了旅游直接产出（旅游收入）对国民经济的贡献。

表 3.20　2002 年和 2007 年旅游产出占国民经济的比重（单位：%）

旅游产出	2007 年		2002 年	
	旅游产出与国内生产总值比值	旅游增加值与国内生产总值比值	旅游产出与国内生产总值比值	旅游增加值与国内生产总值比值
直接效应	4.12	1.99	4.62	2.25
间接效应	7.54	3.6	7.01	3.41
诱导效应	1.32	0.47	1.43	0.69
总效应	12.98	6.06	13.06	6.35

一般国际上认为，一个产业的增加值占到国内生产总值的 5%以上，其就是支柱产业。从这个意义上说，2007 年中国旅游业直接增加值占国内生产总值的 1.99%，从全国范围来看，旅游业并不是国民经济发展的支柱产业，至少 2007 年和 2002 年的旅游业都不能称为支柱产业。同时，旅游业发展的区域差异性比较大，有些地方旅游业的经济发展较快，旅游业增加值占国内生产总值的比重可达 5%以上。目前，我国已经有 28 个省（自治区、直辖市）将旅游业定位为战略性支柱产业或支柱产业。

3.3.2　旅游业对税收影响的测算

旅游经济的发展，必定为政府提供税收。其测算方法是剥离后广义旅游业的总产出乘以广义旅游业的生产税净额率。其测算方法为

$$RS = X_r \times \varepsilon_r \tag{3.10}$$

$$\varepsilon_r = \sum_{j=1}^{9} \lambda_j S_j \bigg/ \sum_{j=1}^{9} X_{rj} \tag{3.11}$$

其中，RS 表示剥离后的广义旅游业带来的生产税净额[①]；X_r 表示剥离后广义旅游业的旅游产出；ε_r 表示广义旅游业的生产税净额率；S_j 表示广义旅游业的各部门（j）的生产税净额；λ_j 表示各部门（j）的旅游剥离系数；X_{rj} 表示各部门（j）对应的旅游产值。旅游业生产税净额的测算流程示意图如图 3.5 所示。

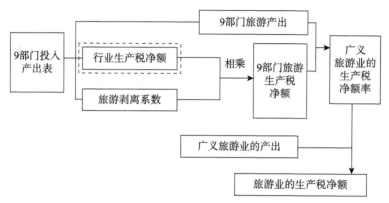

图 3.5　旅游业生产税净额的测算流程示意图

2007 年剥离后的广义旅游业的旅游生产税净额为 704.87 亿元，2002 年剥离后的广义旅游业的旅游生产税净额为 1 220.92 亿元（表 3.21）。

表 3.21　旅游业直接生产税净额

旅游收入统计项	2007 年			2002 年		
	生产税净额/亿元	剥离系数	直接旅游生产税净额/亿元	生产税净额/亿元	剥离系数	直接旅游生产税净额/亿元
餐饮	388.66	0.064 7	25.16	788.45	0.072 8	57.40
住宿	227.11	0.542 7	123.26	220.39	0.531 5	117.13
长途交通	1 004.02	0.119 2	119.68	2 104.90	0.135 3	284.86
市内交通	119.92	0.137 0	16.43	309.82	0.202 1	62.61
游览	79.36	0.232 9	18.48	579.36	0.286 7	166.09
购物	4 204.54	0.080 7	339.43	3 913.88	0.064 3	251.77
娱乐	169.68	0.089 8	15.24	450.96	0.122 2	55.12
邮政通信	308.48	0.017 0	5.25	649.97	0.019 4	12.59
其他	879.09	0.047 7	41.94	5 788.74	0.036 9	213.35
合计	—	—	704.87	—	—	1 220.92

---

① 生产税净额是指各部门向政府支付的生产税与政府向各部门支付的生产补贴相抵之后的差额。 生产税净额等于生产税减去生产补贴。本书认为用生产税净额更能反映出旅游业对税收的影响。

　　由表 3.22 可知，2007 年旅游业直接生产税净额为 704.88 亿元，占总生产税净额的 1.83%；旅游业间接生产税净额为 1 289.78 亿元，占总生产税净额的 3.35%；旅游业诱导生产税净额为 224.99 亿元，占总生产税净额的 0.58%。旅游业生产税净额总值为 2 219.65 亿元，占总生产税净额的 5.76%。

表 3.22　旅游业生产税净额及与总生产税净额比值

旅游生产税净额	2007 年		2002 年	
	旅游业生产税净额/亿元	与总生产税净额比值/%	旅游业生产税净额/亿元	与总生产税净额比值/%
直接	704.87	1.83	1 220.92	2.07
间接	1 289.78	3.35	1 852.00	3.14
诱导	224.99	0.58	376.98	0.64
总计	2 219.64	5.76	3 449.89	5.85

　　2002 年旅游业直接生产税净额为 1 220.92 亿元，占总生产税净额的 2.07%；旅游业间接生产税净额为 1 852.00 亿元，占总生产税净额的 3.14%；旅游业诱导生产税净额为 376.98 亿元，占总生产税净额的 0.64%。旅游业生产税净额总值为 3 449.89 亿元，占总生产税净额的 5.85%。

　　由以上分析可以看出，无论是 2002 年还是 2007 年旅游业的生产税净额所占总生产税净额的比例都比较大，说明旅游业的税收贡献较大。但是 2007 年的旅游业生产税净额总值为 2 219.65 亿元，占总生产税净额的 5.76%，比 2002 年的旅游业生产税净额总值的 3 449.89 亿元，占总生产税净额的 5.85%要小，说明旅游业对税收的贡献从绝对值和相对值上来讲都有所下降。分析原因，可能是 2000 年开始的黄金周，使国内旅游在假日期间出现"井喷"现象，这种效应会直接放大到 2002 年，带来 2002 年旅游经济的飞速发展。但随着时间推移，这种效应依然存在，但威力会稍稍减退，且趋于平稳。

3.3.3　旅游业对居民收入影响的测算

　　旅游经济的发展，在提供就业岗位的同时也提高了居民收入，其测算方法为剥离后广义旅游业的总产出乘以广义旅游业的劳动报酬率。计算公式为

$$\text{RLB} = X_r \times \pi_r \tag{3.12}$$

$$\pi_r = \sum_{j=1}^{9} \lambda_j L_j \bigg/ \sum_{j=1}^{9} X_{rj} \tag{3.13}$$

其中，RLB 表示剥离后的广义旅游业带来的总劳动报酬；X_r 表示剥离后广义旅游业的总产出；π_r 表示广义旅游业的劳动报酬率；L_j 表示广义旅游业的各（j）部门的劳动报酬；λ_j 表示各（j）部门的旅游间接产出；X_{rj} 表示各（j）部门对应的旅游产值。广义旅游业劳动报酬测算步骤示意图如图 3.6 所示。

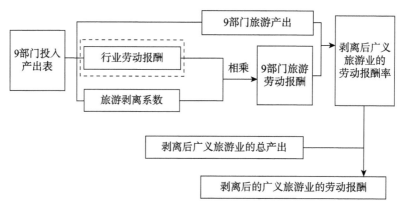

图 3.6　广义旅游业劳动报酬测算步骤示意图

2007 年剥离后广义旅游业的劳动报酬率为 0.172 6，2002 年剥离后广义旅游业的劳动报酬率为 0.200 8。

由表 3.23 可知，2007 年旅游业的直接劳动报酬为 1 688.36 亿元，占总报酬的比值为 1.53%；间接劳动报酬为 3 089.34 亿元，占总报酬的比值为 2.81%；诱导劳动报酬为 538.90 亿元，占总报酬的比值为 0.49%。总的旅游劳动报酬为 5 316.60 亿元，占总报酬的比值为 4.83%。

表 3.23　旅游劳动报酬及与总报酬比值

旅游劳动报酬	2007 年		2002 年	
	旅游劳动报酬/亿元	与总报酬比值/%	旅游劳动报酬/亿元	与总报酬比值/%
直接	1 688.36	1.53	1 116.92	1.89
间接	3 089.34	2.81	1 694.24	2.87
诱导	538.90	0.49	344.87	0.59
总计	5 316.60	4.83	3 156.03	5.35

2002 年旅游业的直接劳动报酬为 1 116.92 亿元，占总报酬的比值为 1.89%；间接劳动报酬为 1 694.24 亿元，占总报酬的比值为 2.87%；诱导劳动报酬为 344.87 亿元，占总报酬的比值为 0.59%。总的旅游劳动报酬为 3 156.03 亿元，占总报酬的比值为 5.35%。

由以上分析可以看出，无论是 2002 年还是 2007 年旅游业的劳动报酬占总报酬的比例都比较大。但是 2007 年的旅游业劳动报酬总值为 5 316.60 亿元，占总报酬的 4.83%，与 2002 年的旅游业劳动报酬总值 3 156.03 亿元，占总报酬的 5.35% 相比，总值有所上升，但是相对值比例（所占总报酬的百分比）下降。这可能是因为随着时间推移，经济发展，物价上涨，人们的工资水平有了普遍的提升，故 2007 年旅游业劳动报酬总值有所上升；相对比值下降可能是，2000 年开始的黄金周使国内旅游在假日期间出现"井喷"现象,这种刺激直接促使 2002 年旅游业飞速发展。

3.4　本章小结

1. 对旅游业发展的相关活动进行剥离

以《中国国内旅游抽样调查资料》中的旅游收入统计项(旅游消费结构),即餐饮、住宿、长途交通、市内交通、游览、购物、娱乐、邮电通信和其他 9 个方面为依据,从投入产出表 135(122)部门中选出 25(21)个旅游直接相关部门,并对 25(21)个旅游直接相关部门中的旅游活动进行剥离。把剥离出旅游相关活动的 25(21)部门称为广义旅游业,即本章的分析对象。

2. 旅游业产出乘数的测算

我国旅游管理部门和部分旅游学者多年来一直沿用 WTTC 报告的旅游业产出乘数(4.3)和就业乘数(5.03)。WTTC 计算时的口径为:直接效应=旅游业+住宿业和餐饮业+文化体育娱乐业;间接效应=批发零售业+交通运输及仓储业+其他。以交通运输仓储业为例,其中货运交通和仓储与旅游业没有关联。显然这种计算方法缺乏科学性,并且没有完全考虑旅游业的产业关联性。本书以旅游卫星账户和投入产出表为基础,从相关产业中剥离出旅游业,测算旅游业 2007 年的直接产出、间接产出和诱导产出,进而测算旅游业的产出乘数。2007 年旅游业产出乘数为 3.15,即旅游业每增加 1 元的产出,将使总产出增加 3.15 元。旅游业并非独立产业,其产业关联性非常强,考虑 135 个关联产业,用剥离方法和完全消耗系数计算旅游乘数更为科学合理。

从 17 个国民经济部门的乘数可以看出,与旅游业相关的乘数最大的行业为金融业,其乘数为 3.9;与旅游业相关的乘数最小的行业为公共管理和社会组织业,其乘数为 1.04;且其他在旅游业占比重较大的行业——租赁和商务服务业,交通运输、仓储和邮政业,批发和零售业,文化、体育和娱乐业的乘数分别为 3.73、3.60、2.91、2.8 和 2.73。所以,广义旅游业的乘数应该介于 1.04~3.9,并且相对比较接近 3.0。由此,可以看出本书计算出来的 2007 年旅游业产出乘数为 3.15 相对比较合理。

3. 关于旅游业对国民经济影响计算标准的思考

通常可以用旅游收入占国内生产总值的百分之几来表示旅游业对国民经济的贡献。2007 年的旅游收入/GDP=4.39%。国内生产总值是各产业的增加值,而旅游收入属于总产值,不应该用旅游收入占国内生产总值的比重说明旅游业在国民经济中的地位,应代之以旅游业总产出增加值(直接+间接+诱导)加以说明。

　　以《2007 年中国投入产出表》和《2002 年中国投入产出表》来考虑旅游业和
135（122）个产业的关联，测算得到 2007 年旅游直接产出增加值/GDP=1.99%；
旅游间接产出增加值/GDP=3.6%；旅游诱导产出增加值/GDP=0.47%。2002 年旅
游直接产出增加值/GDP=2.25%；旅游间接产出增加值/GDP=3.41%；旅游诱导产
出增加值/GDP=0.69%。以 2007 年为例，用直接产出增加值测算的 1.99%比 4.39%
小了一半多，说明传统方法测算夸大了旅游直接产出（旅游收入）对国民经济
的贡献。

　　4. 旅游业对税收和居民收入影响的测算

　　无论是 2002 年还是 2007 年旅游业的生产税净额所占总生产税净额的比例都
比较大，说明旅游业的税收贡献较大。但是 2007 年的旅游业生产税净额总值为
2 219.64 亿元，占总生产税净额的 5.76%，比 2002 年的旅游业生产税净额总值的
3 449.89 亿元，占总生产税净额的 5.85%要小，说明旅游业对税收的贡献从绝对值
和相对值上来讲都有所下降。分析原因，可能是 2000 年开始的黄金周，使国内旅
游在假日期间出现"井喷"现象，这种效应会直接放大到 2002 年，带来 2002 年
旅游经济的飞速发展。但随着时间推移，这种效应依然存在，但威力会稍稍减退，
且趋于平稳。

　　无论是 2002 年还是 2007 年旅游业的劳动报酬占总报酬的比例都比较大。但
是 2007 年的旅游业劳动报酬总值为 5 316.60 亿元，占总报酬的 4.83%，与 2002
年的旅游业劳动报酬总值 3 156.03 亿元，占总报酬的 5.35%相比，总值有所上升，
但是相对值比例（所占总报酬的百分比）下降。这可能是因为随着时间推移，经
济发展，物价上涨，人们的工资水平有了普遍的提升，故 2007 年旅游业劳动报酬
总值有所上升；相对比值下降可能是，2000 年开始的黄金周使国内旅游在假日期
间出现"井喷"现象，这种刺激直接促使 2002 年旅游业飞速发展。

第4章 中国旅游业就业效应分析

就业为民生之本。缓解就业压力，且最大限度地安排就业，是当前各级政府公共政策的主要目标之一。旅游业作为"朝阳产业"，是劳动密集型产业，在就业方面具有容量大、门槛低、领域宽、方式灵活等特点。中国具有丰富的旅游资源，充分利用旅游资源优势，发展旅游业，对于缓解中国当前就业压力，促进劳动力就业具有十分重要的意义。但是，要想测算旅游业就业效应，并准确地计算中国旅游业的就业贡献并非一件容易的事。

本章沿用旅游业收入效应所建立的投入产出模型及其分析方法，对旅游相关活动进行剥离，以剥离后的广义旅游业为分析对象，测算旅游业直接就业人数、间接就业人数和诱导就业人数，测算旅游业的就业乘数，并分析旅游业外部就业容量和内部就业容量。

4.1 数据来源与模型建立

本章以国家统计局 2006 年发布的《2002 年中国投入产出表》和 2009 年发布的《2007 年中国投入产出表》为基本数据来源，以《中国统计年鉴》和《中国旅游统计年鉴》及《中国国内旅游抽样调差资料》所提供的数据为补充。本章和第3 章旅游业收入效应研究一样以广义旅游业为研究对象。对广义旅游业的界定亦与旅游业收入效应中对广义旅游业的界定相同，也就是以《中国国内旅游抽样调查资料》中的旅游收入统计项（旅游消费结构），即餐饮、住宿、长途交通、市内交通、游览、购物、娱乐、邮电通信和其他九个方面为依据，以《2007 年中国投入产出表》和《2002 年中国投入产出表》为基础，以 2007 年为例，从《2007 年中国投入产出表》135 部门中剔选出 25 个旅游直接相关部门。这 25 部门中既包括旅游相关活动，又包括非旅游的相关活动。例如，交通运输中货运交通不属于旅游活动，采用一定的方法尝试从 25 部门中剥离出旅游相关活动。可以把剥离出旅游相关活动的 25（21）部门称为广义旅游业，也即本章的分析对象。

本章对中国旅游业就业效应进行分析同样采用的是投入产出模型。投入产出模型是分析旅游业经济影响最具综合性的方法。投入产出分析的关键是建立一个包括旅游部门在内的各个经济部门的投入产出状况表。投入产出表表明了经济系统中不同部门的活动是如何关联的，以及各个部门同其他所有部门相联系的程度。通过投入产出分析可以测算出旅游业直接就业量、就业系数、间接就业及诱导就业数量、旅游业就业乘数，还可以分析旅游业就业结构偏离度。

本章投入产出模型的建立沿用第 3 章模型的建立方法，即建立国民经济 17 部门包括广义旅游业在内的 18 部门的投入产出流量表（具体建立过程不再重复，详见本书 3.1 节中的 18 部门投入产出流量表）。对旅游相关活动的剥离也和旅游业收入效应相同。本章研究对象及模型的建立均与第 3 章中国旅游业收入效应分析时相同，故具体旅游活动剥离过程和投入产出模型建立过程不再赘述。

4.2　旅游业就业贡献测算

4.2.1　旅游业直接就业

旅游业就业效应，即为旅游业的发展能够提供的就业机会。因此，旅游业直接就业人数是指从事与食、住、行、游、购、娱这些旅游活动六要素相关行业工作的人数。

按照测算旅游业直接产出效应的研究思路，将产生旅游收入的 9 部门旅游相关行业的就业进行剥离，并对餐饮、住宿、长途交通、市内交通、游览、购物、娱乐等 9 部门的旅游就业求和，即可得到直接旅游就业的人数，具体公式为

$$\mathrm{NW} = \sum_{j=1}^{m} \lambda_j X_j \qquad (4.1)$$

其中，NW 表示旅游业直接就业总数；m 表示按照直接旅游生产活动的部门数；λ_j 表示各（j）部门的剥离系数；X_j 表示各部门总就业数。

计算步骤如图 4.1 所示。

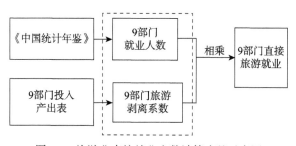

图 4.1　旅游业直接就业人数计算步骤示意图

首先，通过《中国统计年鉴》（2008 年）归集出旅游相关产品部门的就业人

数；其次，通过 9 部门旅游剥离系数将各部门的旅游就业人员剥离出来，从而得到旅游业的直接就业人数。

根据旅游相关产品部门的总就业人数和旅游剥离系数，计算得到旅游相关产品部门的直接就业人数，具体见表 4.1。

表 4.1　旅游业的直接就业人数

旅游收入统计项	2007 年			2002 年		
	就业人数/万人	剥离系数	直接就业人数/万人	就业人数/万人	剥离系数	直接就业人数/万人
餐饮	66.49	0.064 73	4.30	52.30	0.072 80	3.81
住宿	119.32	0.542 74	64.76	108.60	0.531 47	57.72
长途交通	409.59	0.119 20	48.82	317.60	0.135 33	42.98
市内交通	98.52	0.137 00	13.50	1.90	0.202 10	0.38
游览	224.26	0.232 88	52.23	285.40	0.286 67	81.82
购物	506.86	0.080 73	40.92	680.20	0.064 33	43.76
娱乐	125.01	0.089 83	11.23	123.00	0.122 23	15.03
邮政通信	169.21	0.017 01	2.88	111.40	0.019 37	2.16
其他	1 715.55	0.047 71	81.85	1 321.00	0.036 86	48.69
合计	—	—	320.49	—	—	296.34

结果表明，2002 年中国旅游业提供直接旅游就业机会为 296.34 万人，据《中国统计年鉴》数据显示，2002 年社会总就业人数为 10 557.7 万人，旅游业直接就业人数约占总就业人数的 2.81%，即平均每 1 000 个从业人员中约有 28 人从事旅游业。2007 年中国旅游业提供直接旅游就业机会为 320.49 万人，社会总就业人数为 12 024.4 万人，旅游业直接就业人数约占总就业人数的 2.67%，即平均每 1 000 个从业人员中约有 27 人从事旅游业。其中无论是 2002 年还是 2007 年对旅游业直接就业贡献比较大的都是住宿、长途交通和游览。住宿、游览和长途交通由发展旅游引起的就业量最为显著，2007 年分别达到了 64.76 万人、52.23 万人和 48.82 万人；2002 年分别达到 57.72 万人、81.82 万人和 42.98 万人。这 3 个行业也是旅游业的基础行业，较高的劳动力吸纳能力也反映了旅游业作为劳动密集型产业的属性。

4.2.2　旅游业间接就业

旅游业不仅给中国带来了巨大的直接就业机会，而且由于旅游活动强烈的关联性，其也为中国其他经济行业创造了大量的工作岗位。各类旅游企业为了向到访的旅游者提供充足的旅游产品和旅游服务，即增加市场的旅游供给，不但需要购置新的设施、设备，增加雇佣员工的数量，还需要购买上游行业的各种物质及维修其设备、设施的服务，旅游供给的增加，势必带来相关企业产品和服务的需求。这些行业为了满足新的市场需求增量，必须雇佣新的员工，因而进一步扩大了中国市场的就业人数。旅游供给增加导致旅游目的地其他经济行业就业机会的增加，即旅游业的间接就业效应。

　　按照旅游业收入效应的研究思路，将国民经济各部门的间接旅游产出乘以剥离后的广义旅游业的就业系数即可测算旅游业的间接就业效应，具体公式为

$$\text{NW} = L_r \sum_{j=1}^{n} X_{rj} \qquad (4.2)$$

其中，NW 表示旅游业间接就业总数；L_r 表示剥离后的广义旅游业的就业系数；X_{rj} 表示各部门旅游业间接产值，其计算可参见旅游收入的间接旅游产值的计算公式。

　　计算步骤如图 4.2 所示。

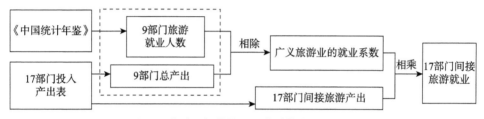

图 4.2　旅游业间接就业人数计算步骤示意图

　　首先，通过计算得到的直接旅游就业人数与 9 类旅游收入项相关产品部门的旅游产出相除，得到剥离后的广义旅游业的就业系数。广义旅游业的综合就业系数为

$$L_r = \sum_{j=1}^{n} W_j \Big/ \sum_{j=1}^{n} Y_j \quad (j = 1, 2, \cdots, n) \qquad (4.3)$$

　　利用这种计算得到 17 个国民经济部门和剥离后广义旅游业的就业系数，见表 4.2。

表 4.2　广义旅游业的间接就业系数及其排序

国民经济部门	2007 年			2002 年		
	就业人数/万人	总产出/亿元	就业系数	就业人数/万人	总产出/亿元	就业系数
农业	426.30	48 893.00	0.008 7	430.50	28 578.74	0.015 1
工业	4 303.80	514 859.11	0.008 4	3 729.20	162 426.38	0.023 0
建筑业	1 050.80	62 721.74	0.016 8	756.10	28 132.68	0.026 9
交通运输、仓储和邮政业	623.10	32 430.87	0.019 2	613.40	14 606.43	0.042 0
信息传输、计算机服务和软件业	150.20	10 030.42	0.015 0	41.90	5 513.55	0.007 6
批发和零售业	506.90	28 832.54	0.017 6	680.20	17 144.91	0.039 7
住宿和餐饮业	185.80	14 815.44	0.012 5	160.90	7 146.09	0.022 5
金融业	389.70	19 481.02	0.020 0	286.60	7 313.93	0.039 2
房地产业	166.50	14 774.62	0.011 3	107.10	7 353.69	0.014 6
租赁和商务服务业	247.20	11 784.58	0.021 0	16.80	5 193.55	0.003 2
科学研究、技术服务和地质勘查业	243.40	5 776.10	0.042 1	194.00	2 569.42	0.075 5

续表

国民经济部门	2007 年			2002 年		
	就业人数/ 万人	总产出/ 亿元	就业 系数	就业人数/ 万人	总产出/ 亿元	就业 系数
水利、环境和公共设施管理业	193.50	2 158.25	0.089 7	272.00	1 266.71	0.214 7
居民服务和其他服务业	57.40	8 754.38	0.006 6	90.40	4 421.90	0.020 4
教育	1 520.90	13 065.85	0.116 4	1 407.90	6 295.58	0.223 6
卫生、社会保障和社会福利业	542.80	11 122.56	0.048 8	472.20	4 130.51	0.114 3
文化、体育和娱乐业	125.00	3 540.91	0.035 3	123.00	1 760.96	0.069 9
公共管理和社会组织	1 291.20	15 817.57	0.081 6	1 175.70	9 575.46	0.122 8
广义旅游业	320.49	10 958.12	0.029 3	296.34	5 561.75	0.053 3

　　无论是 2002 年还是 2007 年旅游业的就业系数都排名第 7 位，排名中等靠前。国民经济各部门的间接旅游产出乘以剥离后的广义旅游业的就业系数就可以得到旅游业的间接就业。根据旅游相关产品部门的间接旅游产出和剥离后的广义旅游业就业系数，计算得到国民经济各部门引致的间接旅游就业人数，见表 4.3。

表 4.3　广义旅游业的间接就业人数

国民经济部门	2007 年		2002 年	
	旅游间接产出/ 亿元	间接旅游就业/ 万人	旅游间接产出/ 亿元	间接旅游就业/ 万人
农业	630.72	18.45	414.39	22.08
工业	12 511.08	365.91	4 369.27	232.80
建筑业	1 693.49	49.53	874.93	46.62
交通运输、仓储和邮政业	839.96	24.57	492.24	26.23
信息传输、计算机服务和软件业	233.71	6.84	104.21	5.55
批发和零售业	876.51	25.64	432.05	23.02
住宿和餐饮业	328.90	9.62	179.37	9.56
金融业	570.79	16.69	189.43	10.09
房地产业	149.22	4.36	105.16	5.60
租赁和商务服务业	596.30	17.44	215.53	11.48
科学研究、技术服务和地质勘查业	175.02	5.12	82.48	4.39
水利、环境和公共设施管理业	53.52	1.57	45.22	2.41
居民服务和其他服务业	208.35	6.09	119.83	6.38
教育	378.91	11.08	162.43	8.65
卫生、社会保障和社会福利业	260.27	7.61	79.31	4.23
文化、体育和娱乐业	137.74	4.03	59.17	3.15
公共管理和社会组织	624.79	18.27	429.94	22.91
合计	20 269.28	592.82	8 354.96	445.15
扣除对自身的需求	20 051.00	586.43	8 158.61	434.71

由表 4.3 可以看出,2002 年旅游业间接就业人数为 434.71 万人,据《中国统计年鉴》显示,2002 年社会总就业人数为 10 557.7 万人,旅游业间接就业人数占社会总就业人数的比例为 4.17%,即平均每 1 000 个从业人员中由旅游业带来的间接就业人数约有 42 人。2007 年间接就业人数为 586.43 万人,2007 年社会总就业人数为 12 024.4 万人,旅游业间接就业人数约占总就业人数的 4.86%,即平均每 1 000 个从业人员中由旅游业带来的间接就业人数约有 49 人。

结合 4.2.1 小节分析可得,无论是 2002 年还是 2007 年的旅游业间接旅游就业人数都是直接旅游就业人数的 1 倍以上,这说明旅游业间接就业效应十分显著。

4.2.3　旅游业诱导就业

按照旅游业收入效应的研究思路,由于旅游活动的关联性,旅游目的地居民因从事旅游业得到了报酬后引起的消费增长对当地就业增加的影响,就是旅游业的诱导就业效应。测算中国旅游业诱导就业效应具体公式为

$$NW = L_r \sum_{j=1}^{n} X_{rj} \qquad (4.4)$$

其中,NW 表示旅游业诱导就业总数;L_r 表示剥离后的广义旅游业的就业系数,为 0.049;X_{rj} 表示各部门旅游业诱导产值,其计算可参见第 3 章旅游业收入效应分析中的诱导旅游产值的计算公式。

计算步骤如图 4.3 所示。

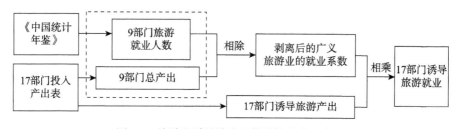

图 4.3　旅游业诱导就业人数计算步骤示意图

根据旅游相关产品部门的间接旅游产出和剥离后的广义旅游业的就业系数,计算得到国民经济各部门引致的间接旅游就业人数,见表 4.4。

表 4.4　广义旅游业的诱导就业人数

国民经济部门	2007 年		2002 年	
	诱导旅游产出/亿元	诱导旅游就业/万人	诱导旅游产出/亿元	诱导旅游就业/万人
农业	108.84	3.18	83.22	4.43
工业	2 158.89	63.14	877.44	46.75

续表

国民经济部门	2007 年		2002 年	
	诱导旅游产出/亿元	诱导旅游就业/万人	诱导旅游产出/亿元	诱导旅游就业/万人
建筑业	292.23	8.55	175.70	9.36
交通运输、仓储和邮政业	144.94	4.24	98.85	5.27
信息传输、计算机服务和软件业	40.33	1.18	20.93	1.12
批发和零售业	151.25	4.42	86.77	4.62
住宿和餐饮业	56.75	1.66	36.02	1.92
金融业	98.50	2.88	38.04	2.03
房地产业	25.75	0.75	21.12	1.13
租赁和商务服务业	102.90	3.01	43.28	2.31
科学研究、技术服务和地质勘查业	30.20	0.88	16.56	0.88
水利、环境和公共设施管理业	9.24	0.27	9.08	0.48
居民服务和其他服务业	35.95	1.05	24.07	1.28
教育	65.38	1.91	32.62	1.74
卫生、社会保障和社会福利业	44.91	1.31	15.93	0.85
文化、体育和娱乐业	23.77	0.70	11.88	0.63
公共管理和社会组织	107.81	3.15	86.34	4.60
合计	3 497.64	102.28	1 677.85	89.40

结果表明，2002 年中国旅游业经济诱导提供就业机会为 89.40 万人，约占总就业人数（10 557.7 万人）的 0.85%，即平均每 1 000 个从业人员中由旅游业带来的诱导就业人数约有 8.5 人。2007 年中国旅游业经济诱导提供就业机会为 102.28 万人，约占总就业人数（12 024.4 万人）的 0.85%，即平均每 1 000 个从业人员中由旅游业带来的诱导就业人数约有 8.5 人。旅游业诱导就业效应并不十分明显。

4.2.4　旅游业就业乘数

旅游就业乘数反映旅游业对区域经济就业带动力的大小。但是由于分析角度的差异，旅游就业乘数的定义目前仍然不统一。旅游就业乘数的表示有以下两种方法：①它表示单位旅游消费所带来的就业人数。例如，张帆等（2003）把旅游就业乘数定义为"单位旅游消费所完全（包括直接、间接、引致）引起的全日制就业人数的变化"。②它表示单位旅游消费所带来的间接就业人数与直接就业人数之比（石培华，2003）。本书采用的是第二种方法，即旅游业就业乘数为旅游业的间接和诱导就业人数与直接就业人数之比，是指旅游业直接就业一人将带来相关行业增加的就业人数。本书把诱导就业看做间接就业，归并到间接就业中，即旅游业就业乘数为旅游业间接就业加诱导就业除以旅游业就业。

　　旅游就业乘数一直是表征旅游就业强大的带动性的重要指标。如表 4.5 所示，旅游就业乘数表示旅游业直接就业 1 人所带来的相关行业增加的就业人数。2002 年旅游就业乘数为 1.77，2007 年为 2.15。2002 年的旅游就业乘数是 1.77，说明旅游经济间接和诱导就业是直接就业的 1.77 倍，即每产生直接旅游就业 1 人，带来旅游业相关行业就业人数为 1.77 人。2002 年，我国旅游业综合就业人数占全国总就业人数的 7.83%。2007 年的旅游就业乘数是 2.15，说明旅游经济间接和诱导就业是直接就业的 2.15 倍，即每产生直接旅游就业 1 人，带来旅游业相关行业就业人数为 2.15 人。2007 年我国旅游综合就业人数占全国总就业人数的 8.38%。这也表明，旅游业的就业效应较为突出，对促进劳动力就业起到了重要作用。2007 年旅游就业乘数大于 2002 年，这说明随着时间的推移和经济的发展，旅游业的就业乘数效应逐渐释放出来。

表 4.5　广义旅游业的就业乘数测算

旅游业就业	2007 年		2002 年	
	旅游就业	旅游就业与总就业比值/%	旅游就业	旅游就业与总就业比值/%
直接旅游就业/万人	320.49	2.67	296.34	2.81
间接旅游就业/万人	586.43	4.86	434.71	4.17
诱导旅游就业/万人	102.28	0.85	89.40	0.85
总旅游就业/万人	1 009.21	8.38	820.45	7.83
旅游就业乘数	2.15	—	1.77	—

　　WTTC 公布的旅游就业乘数为 5.03，这也是我们多年来一直沿用的数据。本书所测算的结果与 WTTC 所公布的结果有一定的差距。有些专题研究显示的比例甚至更大，如在 2005 年中国旅游出版社出版的《中国旅游就业目标体系与战略措施研究》中提出，我国旅游直接就业和旅游产业就业的就业量比值为 1∶8.4。左冰（2002）在《中国旅游产出乘数及就业乘数的初步测算》一文中测算的 1997 年中国旅游业就业乘数为 1.79，并且指出，5.03 的比例是没有可靠依据的。不管是旅游，还是其他任何部门，就业效应恐怕都很难达到间接就业为直接就业的 5 倍。从产业关联的角度来分析，为旅游者直接提供服务的主要是第三产业各经济部门，这些产业的产业关联程序不会超过制造业的平均水平，由此导致的间接就业效应一般也不会超过制造业，只有某些制成品严重依赖进口的小国才可能是例外。

　　由于世界各国的经济发展水平、经济结构、旅游消费结构、资源构成和劳动力状况差别很大，无论是就整个旅游还是仅就国际旅游来说，各国之间并没有统一的旅游就业乘数（表 4.6 和表 4.7）。根据部分国家的旅游就业乘数，英国代表了发达国家的一般水平；韩国基本上代表了出口导向型的新兴工业化国家或地区的情况；菲律宾则是初级产品大量出口，资本品和机械设备大量进口的中等规模发展中国家的典型；斯里兰卡属于经济开放但自给程度较高的典型发展中国家；新加坡则属于国际旅游发达的岛国经济类型。中国有着同斯里兰卡近似的经济发展环境（经济和政治制度除外），但旅游发展未臻成熟，就业乘数应该不会高于菲律宾和斯里兰卡，不可能达到 5。按照间接就业人数除以直接就业人数来测算旅游业就业的乘数，本书所得 2002 年就业乘数为 1.77、2007 年就业乘数为 2.15，比较符合中国旅游业的现实情况。

表 4.6　2003 年各地区旅游就业乘数

地区	直接就业/人	间接就业/人	就业乘数
大洋洲	739 990	1 750 930	2.37
北非	2 103 800	4 300 300	2.04
撒哈拉沙漠及南非洲	2 834 230	7 856 160	2.77
北美洲	7 931 400	21 801 000	2.75
拉丁美洲	4 032 900	10 564 000	2.62
加勒比地区	567 870	1 857 000	3.27
东亚	13 097 200	28 969 500	2.21
东南亚	6 664 020	18 285 300	2.74
东北亚	17 571 200	63 738 600	3.63
欧盟	7 388 500	20 678 000	2.80
中东欧	2 287 200	8 941 600	3.91
其他西欧国家	985 080	2 104 700	2.14
中东	1 238 000	3 714 600	3.00

资料来源：WTTC 2003 tourism satellite accounts：regional reports

表 4.7　相关国家就业乘数

国家	直接就业/人	间接就业/人	就业乘数
美国	6 480 480	16 347 900	2.52
英国	1 061 470	2 953 330	2.78
法国	1 337 180	3 398 630	2.54
西班牙	1 279 260	3 261 240	2:55
意大利	1 063 210	2 651 640	2.49
韩国	569 479	1 882 010	3.31
新加坡	42 890	140 625	3.28
斯里兰卡	203 753	589 520	2.89
菲律宾	886 698	2 781 030	3.14

资料来源：WTTC 2003 tourism satellite accounts：country reports

本书所测算的结果和国外的旅游就业计算结果很接近。德克·必蓝（Belau，2003）指出，旅游直接就业占全球就业的 3%，旅游经济就业（考虑了间接影响）占全球就业的 8%，约有 2 亿人，即大概每 13 人中就有 1 人从事旅游相关的工作；从旅游直接就业与间接就业关系看，1 个旅游直接就业将带动 2 个间接就业。WTTC 指出，2005 年全球旅游直接就业约有 7 722.3 万人，旅游全部就业 2.22 亿人（即 1 个旅游直接就业带动 1.88 个间接就业），到 2015 年则将分别达到 8 552.1 万人和 2.70 亿人（即 1 个旅游直接就业带动 2.16 个间接就业），每 11.2 人中就有 1 人从事旅游相关工作。

4.3　旅游业就业容量测算

4.3.1　旅游业外部就业容量

旅游业就业容量分析主要依靠结构偏离度这一指标。旅游业结构偏离度是指旅游业就业人数占全社会就业人数的比重减去旅游业增加值占国内生产总值的比重所得的差额。当结构偏离度大于 0 时，为正偏离，表明该部门的就业比重大于产值比重。按照市场经济的经济人假设可知，就业人员会倾向于向创造价值较高的行业流动，这意味着存在劳动力转出的可能性；相反，当结构偏离度小于 0 时，为负偏离，则说明该行业的就业吸引力为正，这意味该部门存在劳动力转入的可能性（石培华，2003）。

另外，因为就业容量衡量的是一种潜力，所以在计算旅游业的就业容量时，建议采用直接旅游增加值和直接旅游业就业人数来测量就业结构偏离度。旅游业结构偏离度的计算公式为

$$d_i = \frac{\mathrm{LN}_i}{N_i} - \frac{\mathrm{LY}_i}{Y_i} \qquad (4.5)$$

其中，d_i 为第 i 年旅游业结构偏离度；LN_i 为第 i 年旅游业就业人数；N_i 为第 i 年社会就业人口总量；LY_i 为第 i 年旅游业的增加值；Y_i 为第 i 年的国内生产总值。

根据式（4.5），本章对广义旅游业的结构偏离度进行了测算（表 4.8），并且为了进行比较分析，本章还对其他 17 个国民经济部门进行了就业结构偏离度的测算（表 4.9），在测算其他部门的结构偏离度时同样采用的是直接增加值和直接就业人数。

表 4.8　旅游业结构偏离度

旅游业结构偏离度	2007 年	2002 年
直接旅游业增加值	5 236.78	2 706.64
国内生产总值	265 810.3	120 332.7

续表

旅游业结构偏离度	2007 年	2002 年
直接旅游就业	235.76	245.49
总就业	12 024.43	10 557.7
结构偏离度	−0.000 09	0.000 76

表 4.9　各个行业的结构偏离度及排名

国民经济部门	2007 年		2002 年	
	结构偏离度	排序	结构偏离度	排序
农业	−0.072 37	2	−0.097 43	1
工业	−0.093 46	1	−0.049 89	2
建筑业	0.032 79	16	0.016 82	14
交通运输、仓储和邮政业	−0.004 55	9	−0.000 29	10
信息传输、计算机服务和软件业	−0.010 16	7	−0.021 73	4
批发和零售业	−0.023 05	4	−0.012 71	6
住宿和餐饮业	−0.005 49	8	−0.008 81	8
金融业	−0.018 12	5	−0.011 72	7
房地产业	−0.032 50	3	−0.034 55	3
租赁和商务服务业	0.006 23	12	−0.016 19	5
科学研究、技术服务和地质勘查业	0.009 09	13	0.006 44	13
水利、环境和公共设施管理业	0.011 91	14	0.020 74	15
居民服务和其他服务业	−0.010 34	6	−0.008 01	9
教育	0.098 98	18	0.101 30	18
卫生、社会保障和社会福利业	0.030 78	15	0.027 61	16
文化、体育和娱乐业	0.004 67	11	0.004 83	12
公共管理和社会组织	0.074 71	17	0.070 91	17
广义旅游业	−0.000 09	10	0.000 76	11

　　由表 4.8 可知，2007 年旅游业结构偏离度为−0.000 09，小于 0，表现为负偏离，说明 2007 年旅游业就业吸引力为正，表明旅游业存在着劳动力转入的可能性，即旅游业并未达到饱和状态。2002 年旅游业结构偏离度为 0.000 76，大于 0，为正偏离，表明旅游业就业比重大于其产值比重，这就意味着旅游业吸纳劳动力的潜力已得到发挥，劳动力转入的可能性已很小。但是，由 2002 年的大于 0 到 2007 年的小于 0，说明随着经济和旅游业的发展，旅游业吸引就业的潜力有所增强。

　　本书采用同样的方法，测算的 2002 年和 2007 年国民经济 17 部门行业的结构偏离度如表 4.9 所示。

　　表 4.9 还表明，虽然旅游业整体的劳动力吸纳潜力在国民经济部门中排序属于中等偏下，但在服务行业中属于排名靠前的行业，说明在第三产业中旅游业属

于吸纳劳动力就业较强的行业。另外，其排序由第 11 位上升到第 10 位，也说明随着旅游业的发展，其吸引就业的能力增强，吸纳劳动力的潜力也有所提升。

4.3.2　旅游业内部就业容量

旅游业外部就业容量说明了旅游业整体的就业吸引力，可以知道旅游业并非独立的产业（或部门），我们把与旅游业发生直接关联的行业（或部门）称为旅游业的相关行业。为深入了解旅游业相关行业的就业容量，本小节将对旅游业相关行业的结构偏离度进行测算，并且分别测算了旅游业相关行业的整体结构偏离度和旅游业相关行业的旅游业结构偏离度，计算公式为

$$d_j = \frac{LN_j}{N} - \frac{LY_j}{Y} \qquad (4.6)$$

$$d_{rj} = \frac{LN_{rj}}{N} - \frac{LY_{rj}}{Y} \qquad (4.7)$$

其中，d_j 为 j 行业的结构偏离度；LN_j 为 j 行业就业人数；N 为当年社会就业人口总量；LY_j 为 j 行业的增加值；Y 为当年的国内生产总值；d_{rj} 为 j 行业的旅游结构偏离度；LN_{rj} 为 j 行业旅游就业人数；LY_{rj} 为 j 行业的增加值。各旅游业相关行业的结构偏离度及旅游结构偏离度计算结果如表 4.10 所示。

表 4.10　旅游业相关产品部门的总就业结构偏离度

旅游活动六要素	2007 年		2002 年	
	就业偏离度	排序	就业偏离度	排序
餐饮	−0.010 93	2	−0.013 34	1
住宿	0.005 44	6	0.004 54	5
长途交通	−0.007 54	3	−0.012 79	2
市内交通	0.003 74	4	−0.004 15	4
游览	0.012 54	7	0.018 72	7
购物	−0.023 05	1	−0.012 71	3
娱乐	0.004 67	5	0.004 83	6

表 4.10 的结果说明，旅游活动六要素的旅游相关产品部门中有购物、餐饮、长途交通 3 个部门的总就业结构偏离度小于 0，说明这 3 个部门的就业吸纳潜力较大。住宿、市内交通、游览、娱乐四部门的总就业结构偏离度大于 0，说明这 4 个部门吸纳就业的能力较弱。但是，由于 7 个旅游产品相关部门还进行非旅游生产活动，在第 3 章中我们已经对这些产品部门中旅游相关活动进行了剥离，所以如果要真正了解这些部门的旅游就业吸引潜力，就需要从这些行业部门中剥离出与旅游相关的那部分旅游就业结构偏离度。

表 4.11 的结果说明,旅游活动六要素的旅游相关产品部门中有购物、餐饮、长途交通 3 个部门的旅游就业结构偏离度小于 0,说明这 3 个部门的旅游就业吸纳潜力较大。

表 4.11 旅游业相关产品部门的旅游就业结构偏离度

旅游活动六要素	2007 年		2002 年	
	就业偏离度	排序	就业偏离度	排序
餐饮	−0.000 71	3	−0.000 97	2
住宿	0.002 95	7	0.002 41	6
长途交通	−0.000 90	2	−0.001 73	1
市内交通	0.000 51	5	−0.000 84	3
游览	0.002 92	6	0.005 37	7
购物	−0.001 86	1	−0.000 82	4
娱乐	0.000 42	4	0.000 59	5

4.4 本章小结

(1)本章沿用旅游业收入效应所建立的投入产出模型及其分析方法,以剥离后的广义旅游业为分析对象,测算了旅游业直接就业人数、间接就业人数和诱导就业人数,测算了旅游业的就业乘数,并分析了旅游业外部就业容量和内部就业容量。

(2)2002 年中国旅游业经济提供直接旅游就业机会为 296.43 万人,约占总就业人数(10 557.7 万人)的 2.81%,即平均每 1 000 个从业人员中约有 28 人从事旅游业。2007 年中国旅游业经济提供直接旅游就业机会为 320.49 万人,约占总就业人数(12 024.4 万人)的 2.67%,即平均每 1 000 个从业人员中约有 27 人从事旅游业。其中,无论是 2002 年还是 2007 年对旅游业直接就业贡献比较大的是住宿、长途交通和游览。

(3)2002 年中国旅游业经济间接提供就业机会为 445.15 万人,约占总就业人数(10 557.7 万人)的 4.21%,即平均每 1 000 个从业人员中由旅游业带来的间接就业人数约有 42 人。2007 年中国旅游业经济间接提供就业机会为 592.82 万人,约占总就业人数(12 024.4 万人)的 4.93%,即平均每 1 000 个从业人员中由旅游业带来的间接就业人数约有 49 人。无论 2002 年还是 2007 年的旅游业间接旅游就业人数都是直接旅游就业人数的 1 倍以上,这说明旅游业间接就业效应十分显著。

(4)2002 年中国旅游业经济诱导提供就业机会为 89.40 万人,约占总就业人数(10 557.7 万人)的 0.85%,平均每 1 000 个从业人员中由旅游业带来的诱导就业人数约有 8.5 人。2007 年中国旅游业经济诱导提供就业机会为 102.28 万人，约占总就业人数（12 024.4 万人）的 0.85%，平均每 1 000 个从业人员中由旅游业带来的诱导就业人数约有 8.5 人。旅游业诱导就业效应并不十分明显。

（5）2002 年，旅游就业乘数是 1.77，说明旅游业经济间接和诱导就业是直接就业的 1.77 倍，即每产生直接旅游就业 1 人，带来旅游业相关行业就业人数为 1.77 人。2002 年，我国旅游业综合就业人数占全国总就业人数的 7.83%。这也表明，旅游业的就业效应较为突出，对促进劳动力就业起到了重要作用。2007 年旅游就业乘数是 2.15，说明旅游业经济间接和诱导就业是直接就业的 2.15 倍，即每产生直接旅游就业 1 人，带来旅游业相关行业就业人数为 2.15 人。我国旅游综合就业人数占全国总就业人数的 8.38%。这也表明，旅游业的就业效应较为突出，对促进劳动力就业起到了重要作用。

（6）旅游业整体就业结构偏离度接近 0，说明整体行业吸纳劳动力的潜力已得到发挥，劳动力转入的可能性已很小。但是，由 2002 年的大于 0 到 2007 年的小于 0，说明随着旅游业的发展，其整体就业吸纳劳动力的潜力有所增加。同时，旅游业整体的劳动力吸纳潜力虽然在国民经济部门中排序属于中等偏下，但在服务行业中属于排名靠前的行业。另外，其排序由第 11 位上升到第 10 位，也说明随着旅游业的发展，其整体就业吸纳劳动力的潜力在国民经济中的地位也在增加。旅游活动六要素的旅游相关产品部门中有购物、餐饮、长途交通 3 个部门的就业结构偏离度小于 0，说明这 3 个部门的就业吸纳潜力较大。

第 5 章　中国旅游业产业关联
及其他效应分析

　　旅游业产业关联是指旅游业与国民经济中其他产业之间所形成的直接或间接相互依存、相互制约的经济联系，即旅游业与其他产业之间客观上存在着相互消耗和提供产品的关系。旅游业的产业特性决定了它与国民经济中其他产业存在着较为普遍的技术经济联系。基于这种联系，旅游业的投入产出水平的变化会直接或间接地波及其他产业，从而导致其他产业投入产出关系的变化。以全面、联系和发展的辩证方法，准确地把握旅游产业与其他国民经济部门的产业关联关系，有利于我国旅游产业的健康发展，并可促进旅游经济乃至国民经济的增长。

　　本章把《2002 年中国投入产出表》和《2007 年中国投入产出表》分别合并为11 部门的投入产出表，并利用投入产出表提供的丰富资料测算 2002 年和 2007 年旅游业的直接消耗系数、完全消耗系数，直接分配系数、完全分配系数，中间需求率和中间投入率，影响力与影响力系数，感应度与感应度系数，营业盈余系数、最终消费系数和出口系数等重要指标。进而分析了旅游业的前后产业关联效应和产业波及效应及旅游业的其他宏观效应。

5.1　数据来源与模型建立

　　本章以国家统计局 2006 年发布的《2002 年中国投入产出表》和 2009 年发布的《2007 年中国投入产出表》为基本数据来源，对我国旅游业进行投入产出分析。之所以选择《2002 年中国投入产出表》和《2007 年中国投入产出表》进行分析，是因为目前的研究大多停留在静态研究上，缺乏比较研究。静态研究一般是利用一年的投入产出表进行静态分析，并不能揭示旅游业与其他产业之间的比例结构关系的变化情况。本章利用《2002 年中国投入产出表》和《2007 年中国投入产出表》的资料，分别测算和分析旅游业的产业关联指标，反映旅游业产业关联变化情况，同时结合旅游业消费、出口、投资等相关指标来分析旅游业发展的宏观经济效应。

　　《2007 年中国投入产出表》参照以往的国民经济行业分类中对"旅游业"的

处理方法，将旅游业界定为，"旅行社的活动，指为社会各界提供商务、组团和散客旅游的服务。包括向顾客提供咨询、旅游计划和建议、日程安排、导游、食宿和交通等服务，还包括导游活动"，即将旅游业限定为旅行社业。用旅行社业代替整个旅游业，显然不适宜进行总量分析，但在产业关联方面可以进行结构分析。本章基于分析旅游业在国民经济中的产业关联的目的，并限于数据资料来源（若无特殊说明）将旅游业限定于旅行社业。

《2002 年中国投入产出表》包含了 122 部门，《2007 年中国投入产出表》包含了 135 部门。为了研究的需要，对部门进行归类合并，归类合并遵循两个原则，即重点突出原则和三次产业划分原则。本章研究的旅游业指狭义的旅游业，即依据国家投入产出表中对旅游业的定义来设定研究范围。同时为了体现旅游业与食、住、行、购、娱等活动的紧密联系，本章把第三产业中的旅游业、住宿业、餐饮业、娱乐业、批发零售业、运输业分别作为单独的部门，且与投入产出表保持一致。其他部门的归类合并情况如下：①把金融业（银行、证券及其他金融活动）、保险业、租赁业和房地产业合并为一个广义的金融业部门，剩下的第三产业部门合并为其他服务业部门；②把第一产业合并为广义的农业部门；③把第二产业中的建筑部门独立出来为单独的建筑部门，且把第二产业中除去建筑部门后的部门合并为工业部门，归类合并后的部门为 11 个。在此基础上，把《2002 年中国投入产出表》和《2007 年中国投入产出表》分别合并为 11 部门的投入产出表。合并后的部门具体见表 5.1。

表 5.1 调整后的部门类别及说明

部门序号	部门名称	部门说明
1	农业	其包含农业、林业、畜牧业、渔业以及农、林、牧、渔服务业五个部门
2	工业	广义工业部门（简称工业）：根据国家统计局对工业的划分标准及部门分类，将投入产出表中所有属于工业部门的行业全部合并，数据全部加总
3	建筑业	其包括房屋和土木工程建筑业、建筑安装业、建筑装饰业及其他建筑业，与原投入产出表中的建筑业部门保持一致
4	金融业	其包含金融业（银行、证券及其他金融活动）、保险业、租赁业和房地产业四个部门
5	住宿业	其是指有偿为顾客提供临时住宿的服务活动，包括旅游饭店、一般旅馆和其他住宿活动，与原投入产出表中的住宿部门保持一致
6	餐饮业	其是指在一定场所，对食物进行现场烹饪、调制，并出售给顾客，主要用于现场消费的服务活动，包括正餐服务、快餐服务、饮料及冷饮服务和其他餐饮服务，与原投入产出表中的餐饮部门保持一致
7	娱乐业	其包括室内娱乐活动、游乐园、休闲健身娱乐活动和其他娱乐活动，与原投入产出表中的娱乐部门保持一致
8	批发零售业	其是指商品在流通环节中的批发活动和零售活动，包括批发业和零售业，与原投入产出表中的批发零售部门保持一致
9	旅游业	其是指为社会各界提供商务、组团和散客旅游的服务活动，包括向顾客提供咨询、旅游计划和建议、日程安排、导游、食宿和交通等服务的行业部门，与原投入产出表中的旅游部门保持一致

续表

部门序号	部门名称	部门说明
10	运输业	其包含铁路旅客运输业、铁路货运业、道路运输业、城市公共交通运输业、水上运输业、航空旅客运输业、航空货运业、管道运输业、仓储业及邮政业十个部门
11	其他服务业	其包含第三产业中除去上述已划分出去的行业之后的全部服务业部门

5.2　旅游业产业关联效应分析

旅游业的产业关联主要表现为两个方式：一为后向关联，是指通过需求联系与其他产业部门发生的关联；二为前向关联，是指通过供给联系与其他产业部门发生的关联。

5.2.1　旅游业与其后向关联产业的关联度

从旅游业的投入结构角度考虑，旅游产业部门为了进行生产需要从各产业（包括本产业）购进中间产品。它以中间产品的投入形式反映旅游产业与各个产业部门之间生产技术上的联系和产业结构的变动，这种生产技术上的联系包括直接关联关系和完全关联关系，是通过直接消耗系数和完全消耗系数来表征的（王燕和王哲，2008）。

1. 旅游业与其后向关联产业的直接关联度分析

直接关联度是度量某产业在生产运行过程中与其他产业的直接技术经济联系程度的指标，反映该产业因直接消耗而对其他产业产生的拉动和影响作用。直接关联的程度可以用直接消耗系数和直接分配系数来度量。

直接消耗系数度量了某产业部门对其他产业部门的直接消耗关系，也称投入系数，记为 $a_{ij}(i,j=1,2,\cdots,n)$ ，是指在生产经营过程中第 j 产业部门的单位总产出直接消耗的第 i 产业部门货物或服务的价值量。计算方法为：用第 j 产品（或产业）部门的总投入 X_j 除该产品（或产业）部门生产经营中直接消耗的第 i 产品部门的货物或服务的价值量 x_{ij} ，其计算式如下：

$$a_{ij}=\frac{x_{ij}}{X_j}\quad(i,j=1,2,\cdots,n)\qquad(5.1)$$

其中，a_{ij} 表示 j 部门每生产一个单位的实物量需直接消耗 i 部门实物量的大小；x_{ij} 表示 j 部门产品对 i 部门产品的消耗量；X_j 表示生产第 j 部门产品的各部门的总投入。

　　旅游业的直接消耗系数越大，说明旅游业对其他产业的直接需求越多，直接关联效应越明显。利用投入产出表的直接消耗系数矩阵列进行列向结构分析可以判定旅游业的直接后向关联产业。直接消耗系数的变动不仅可相应地反映旅游相关产业结构的变动，同时也为合理调整旅游经济结构比例和促进旅游经济发展提供重要依据。

　　从表 5.2 中的直接消耗系数可以看出，旅游业有较高的直接消耗系数，说明旅游业对上游产业的拉动能力较强，有较大的后向关联度，这与已有大多数文献的研究结论基本一致。2007 年，旅游业直接消耗系数较大的部门为运输业、餐饮业和住宿业，说明旅游业对这些部门的直接带动作用较大，旅游业的发展能有力带动这些产业的发展。

表 5.2　旅游业与各行业直接消耗系数测算结果

部门	直接消耗系数			
	2002 年	排序	2007 年	排序
农业	0.000 7	10	0.000 0	11
工业	0.028 0	6	0.053 6	7
建筑业	0.007 2	8	0.000 1	10
金融业	0.020 4	7	0.058 8	6
住宿业	0.045 7	5	0.123 0	3
餐饮业	0.065 4	3	0.136 9	2
娱乐业	0.000 4	11	0.003 6	8
批发零售业	0.003 6	9	0.002 1	9
旅游业	0.077 0	2	0.075 3	4
运输业	0.163 3	1	0.168 9	1
其他服务业	0.046 2	4	0.061 1	5

　　从表 5.2 中旅游业与各行业 2002 年和 2007 年的直接消耗系数来看，按照旅游业每生产一个单位的产品需直接消耗各产业的产品量，将各个行业分为三类。

　　（1）产品被旅游业直接消耗较多的产业。这些产业和旅游业有较密切的直接后向联系。2002 年排在前三位的分别是运输业、旅游业和餐饮业，它们的直接消耗系数均超过了 0.065 0，说明旅游业每生产 1 万元的旅游产品对这些产品的直接消耗均在 650 元以上，对它们的直接依赖和牵引作用最大。2007 年排在前三位的分别是运输业、餐饮业和住宿业，它们的直接消耗系数等于或大于 0.123 0，说明旅游业每生产 1 万元的旅游产品对这些产品的直接消耗均在 1 230 元或以上。2007 年相对于 2002 年来说，每 1 万元旅游产品对这些产品直接消耗几乎翻一番，可以看出随着时间的推移旅游业对这些产业的依赖和牵引作用在加强。

　　（2）产品被旅游业直接消耗一般的产业。2002 年排在第 4 位到第 7 位的产业是其他服务业、住宿业、工业和金融业，这些产业对旅游业的直接消耗系数大于或等于 0.020 4，说明旅游业每生产 1 万元的旅游产品对这些产品的直接消耗均在 204 元以上，对它们的直接依赖和牵引作用较大。2007 年排在第 4 位到第 7 位的产业是旅游业、其他服务业、金融业和工业，这些产业对旅游业的直接消耗系数大于或等于 0.053 6，说明旅游业每生产 1 万元的旅游产品对这些产品的直接消耗均在 536 元以上。

（3）产品被旅游业直接消耗较少的产业。2002 年排在第 8 位到第 11 位的产业是建筑业、批发零售业、农业和娱乐业，这些产业对旅游业的直接消耗系数均小于 0.010 0。说明旅游业每生产 1 万元的旅游产品对这些产品的直接消耗均低于 100 元，对它们的直接依赖和牵引作用较小。2007 年排在第 8 位到第 11 位的产业是娱乐业、批发零售业、建筑业和农业，这些产业对旅游业的直接消耗系数均小于 0.005 0，说明旅游业每生产 1 万元的旅游产品对这些产品的直接消耗均低于 50 元。从表 5.2 中可以看出，2002 年旅游业每 1 万元的产出只能拉动娱乐业 4 元、批发零售业 36 元；2007 年旅游业每 1 万元的产出只能拉动娱乐业 36 元、批发零售业 21 元。这些都表明我国的非基本旅游消费是偏低的，旅游消费结构不尽合理。

从以上分析可以看出旅游业对各产业的拉动能力。相对于 2002 年来说，2007 年每 1 万元旅游产品对这些产品直接消耗有所增加，甚至于几乎翻了一番（如餐饮业），可以看出随着时间的推移旅游业对这些产业的依赖和牵引作用逐渐加强。

旅游业对各产业的直接消耗系数不仅反映了旅游业对各产业的依赖程度，同时也反映了旅游业对各产业的拉动能力。从 2002 年和 2007 年两年的分析可以看出，我国旅游业对运输业、旅游业、餐饮业和住宿业的直接消耗系数比较大，说明我国旅游业对运输业、旅游业、餐饮业和住宿业的依赖程度比较大，对运输业、旅游业、餐饮业和住宿业的拉动作用也比较大。黄金周期间，宾馆涨价，火车票、机票很难买，都反映了旅游业对交通运输与住宿餐饮业的强劲拉动作用。

旅游消费结构中，用于住宿、餐饮、交通和游览等的消费称为基本旅游消费，用于旅游购物、娱乐等的消费称为非基本旅游消费。一般而言，基本旅游消费是刚性的，一般不会有较大波动；而非基本旅游消费则具有较大弹性，旅游者往往存在冲动购买效应，因此是衡量一个国家旅游业发达水平的重要标志。在旅游发达国家，基本旅游消费一般介于 30%~40%，大份额的都是购物等非基本旅游消费。我国旅游消费构成中，"食、住、行"占了较大比例，"游、购、娱"只占很小比例。2002 年旅游业每 1 万元的产出只能拉动娱乐业 4 元、批发零售业 36 元；2007 年旅游业每 1 万元的产出只能拉动娱乐业 36 元、批发零售业 21 元。无论是 2002 年还是 2007 年，我国的非基本旅游消费都比较低。

非基本旅游消费偏低导致中国国内旅游的人均花费也低。2003 年美国国内旅游收入为 4 736 亿美元，每个公民平均每年花在国内旅游上的费用为 1 685 美元；2002 年法国的国内旅游收入约为 492 亿美元，每个公民平均每年花在国内旅游上的费用为 831 美元。而 2004 年，中国国内旅游收入为 4 711 亿元，平均每个中国公民国内旅游花费为 362 元，分别相当于美国的 12%和 2.6%。虽然中国国内旅游收入略高于法国，但人均国内旅游花费却只有法国的 5.2%（曾博伟，2011）。中国国内旅游的人均花费同世界旅游强国存在如此大的差距，人均收入是一个重要原因，但绝不是唯一的原因。中国旅游消费中非基本旅游消费比率亟待提升。

2. 旅游业与其后向关联产业的完全关联度分析

完全消耗系数是投入产出分析的另一个基本系数，是一个从投入角度分析产业之间的直接和间接技术经济联系的指标。一个产业或部门在生产过程中的直接消耗和全部的间接消耗之和构成了该产业的完全消耗。旅游经济部门因为直接消耗其他部门的产品而产生拉动作用，进一步拉动的部分又作用于旅游业，旅游业又会产生二次拉动，如此反复，就会产生一个完全消耗系数（陈金花等，2008）。完全后向关联指标采用完全消耗系数来表示该指标的大小，表示本产业或部门对相应产业或部门的综合拉动作用的强弱。完全消耗系数的经济含义是，某产业单位产值的最终产品或服务对另一个产业产品或服务的完全消耗量。它通常计为 b_{ij}，是指第 j 产业部门每提供一个单位最终使用时，对第 i 产业部门产品或服务的直接消耗和间接消耗之和。以 I 记为单位矩阵，那么利用直接消耗系数矩阵 A 计算完全消耗系数矩阵 B 的公式为

$$B = (I - A)^{-1} - I \qquad (5.2)$$

其中，B 中的元素 b_{ij} 为 j 部门提供一个单位最终产品对 i 部门的完全消耗系数；A 为直接消耗矩阵；I 为单位矩阵。

完全消耗系数越大，说明产业之间的后向完全关联越大，即一个产业的发展对另一个产业需求拉动作用越大。同样可以利用投入产出表的直接消耗系数矩阵列进行列向结构分析来判定旅游业的完全后向关联产业。

旅游业与各行业完全消耗系数测算结果见表 5.3。

表 5.3　旅游业与各行业完全消耗系数测算结果

部门	完全消耗系数			
	2002 年	排序	2007 年	排序
农业	0.045 6	8	0.080 8	8
工业	0.390 3	1	0.877 5	1
建筑业	0.018 1	10	0.004 9	11
金融业	0.057 0	6	0.119 2	6

续表

部门	完全消耗系数			
	2002 年	排序	2007 年	排序
住宿业	0.054 4	7	0.140 9	4
餐饮业	0.077 5	5	0.161 1	3
娱乐业	0.001 1	11	0.006 0	10
批发零售业	0.036 1	9	0.034 4	9
旅游业	0.083 9	4	0.082 5	7
运输业	0.223 1	2	0.234 8	2
其他服务业	0.085 7	3	0.134 4	5

（1）2002 年和 2007 年旅游业对其他行业的完全消耗系数中，工业均排第一位，说明工业的发展对促进旅游业发展有非常强劲的间接拉动作用。2002 年，除去工业，排在前 5 位的部门还有运输业、其他服务业、旅游业和餐饮业，说明旅游业与以上 5 个产业的完全关联度很高，对其有很强的依赖关系，即 2002 年每生产 1 万元价值的旅游产品需要分别消耗运输业 2 231 元、其他服务业 857 元、旅游业 839 元、餐饮业 775 元；2007 年每生产 1 万元价值的旅游产品需要分别消耗运输业 2 348 元、餐饮业 1 611 元、住宿业 1 409 元、其他服务业 1 344 元。

（2）旅游业与很多产业无直接关联度，但间接作用即完全关联度却十分显著，以农业为例，2007 年旅游业对其直接消耗系数为 0，但完全消耗系数为 0.080 8，说明农业的发展对促进旅游业发展虽然没有直接拉动作用，但是有较强的间接拉动作用。

（3）通过比较 2002 年和 2007 年的消耗系数，不管是直接消耗系数，还是完全消耗系数，旅游业对工业、住宿业、运输业、餐饮业及金融业的消耗系数都有较大程度的提高，说明旅游业的发展对这些产业或部门的带动力越来越大。

从表 5.2 和表 5.3 中的后向关联系数可以看出，旅游业有较高的消耗系数，说明旅游业对上游产业的拉动能力较强，有较大的后向关联度，这与已有大多数文献的研究结论基本一致。2007 年，旅游业直接消耗系数较大的部门为运输业、餐饮业和住宿业，说明旅游业对这些部门的直接带动作用较大，旅游业的发展能有力带动这些产业的发展。从完全消耗系数也可以看出，除工业部门外，系数值排在前列的依次是运输业、餐饮业和住宿业，说明旅游业对这些部门以及与这些部门相关的部门的综合带动作用较强。通过比较 2002 年和 2007 年的消耗系数，不管是直接消耗系数，还是完全消耗系数，旅游业对工业、住宿业、运输业、餐饮业及金融业的消耗系数都有较大程度的提高，说明旅游业的发展对这些产业或部门的带动能力越来越大。从总的直接消耗系数来看，2007 年旅游业每产出 1 万元，需要直接消耗中间投入 6 834 元，相比 2002 年的 4 579 元，提高了 49.25%，说明旅游业对上游产业的拉动能力有较大幅度的提高，后向关联度越来越大。

5.2.2 旅游业与其前向关联产业的关联度

前向关联是指某产业对那些将本产业的产品或服务作为投入品或生产资料的产业的影响。从供给看，旅游业作为一种要素提供给其他产业，其他产业的生产过程中直接或间接地消耗旅游业提供的产品或服务。

因此，在旅游业与其他产业的投入产出关系中，旅游业产品或服务在各个产业投入中的份额直接反映了旅游业与其前向关联产业的关联作用。投入份额越大，说明旅游业对其他产业的推动作用和供给影响作用越大，产业之间的依存关系越密切。

1. 旅游业与其前向关联产业的直接关联度分析

旅游业与其前向关联产业的直接关联度可由直接分配系数表示，直接分配系数是从产出角度分析产业之间直接技术经济联系的指标，其经济含义是某产业或部门产品分配给另一个产业或部门作为中间产品直接使用的价值占该种产品总产出的比例。通过直接分配系数可以知道旅游产品的流向和比重，从而了解旅游业的发展受其他产业的影响和制约程度，有利于调整和制定旅游业的发展规划。旅游业的直接分配系数越大，说明其他产业对旅游业的直接需求越大，旅游业的直接供给推动作用越明显。计算公式为

$$h_{ij} = \frac{x_{ij}}{X_i} \quad (i, j = 1, 2, \cdots, n) \tag{5.3}$$

其中，h_{ij} 表示直接分配系数；x_{ij} 表示第 i 部门提供给第 j 部门的使用量；X_i 表示第 i 部门的总供给量。

从表 5.4 可以看出，从 2002 年和 2007 年旅游业与各行业直接分配系数来看，在 11 部门中，2002 年和 2007 年直接分配系数大于 0.000 2 的行业包括其他服务业、旅游业、金融业、住宿业、娱乐业和运输业，这些都是旅游业的主要直接供给对象，其次是工业、餐饮业。这说明旅游业的发展会首先直接促使其他服务业、旅游业、金融业、住宿业、娱乐业和运输业的繁荣，同时有效地直接推动工业、餐饮业的发展。2002 年旅游业每产出 1 万元的产品和服务，都会将其作为中间品再次投入，投入其他服务业 1 105 元，投入旅游业 770 元，投入金融业 69 元，投入住宿业 64 元。2007 年旅游业每产出 1 万元的产品和服务，将作为中间品再次投入旅游业 771 元、其他服务业 25 元，且分别投入住宿业和运输业 5 元、金融业 3 元。这说明，这些产业部门的发展需要旅游业的产品和服务作为生产投入品，旅游业对这些产业产生不同程度的推动作用。

表 5.4　旅游业与各行业直接分配系数测算结果

部门	直接分配系数			
	2002 年	排序	2007 年	排序
农业	0.000 2	8	0.000 1	7
工业	0.005 1	5	0.000 2	6
建筑业	0.000 0	9	0.000 5	4
金融业	0.006 9	3	0.000 3	5
住宿业	0.006 4	4	0.000 5	4
餐饮业	0.000 0	9	0.000 2	6
娱乐业	0.003 6	6	0.012 5	2
批发零售业	0.000 0	9	0.000 3	5
旅游业	0.077 0	2	0.071 1	1
运输业	0.002 4	7	0.000 5	4
其他服务业	0.110 5	1	0.002 5	3

2. 旅游业与其前向关联产业的完全关联度分析

完全前向关联指标采用完全分配系数来表示，它是一个从产出方向分析产业之间的直接和间接技术经济联系的指标，其经济含义是，某产业或部门每一个单位增加值通过直接或间接联系需要向另一个产业或部门提供的分配量，它包含了总产出的直接分配和全部间接分配的数量，反映了该产业或部门对其他部门的全部贡献程度。该系数矩阵的计算公式为

$$\boldsymbol{W} = (\boldsymbol{I} - \boldsymbol{H})^{-1} - \boldsymbol{I} \tag{5.4}$$

其中，$\boldsymbol{W}$ 中的元素 w_{ij} 为 i 部门单位产出直接分配和全部间接分配给 j 部门的数量，即完全分配系数；$\boldsymbol{H}$ 为直接分配矩阵；$\boldsymbol{I}$ 为单位矩阵。

综观 2002 年和 2007 年旅游业与各行业完全分配系数，从表 5.5 可以看出，在 11 个产业部门中，2002 年与旅游业有密切的前向完全关联关系的产业部门主要有其他服务业、旅游业和工业。2007 年与旅游产业有密切的前向完全关联关系的产业部门主要有旅游业、娱乐业和其他服务业。这说明旅游业对第二产业和第三产业的影响较大，说明旅游产品和服务主要是提供给第二产业、第三产业作为中间产品使用，旅游业对第二产业、第三产业的发展具有积极意义。

表 5.5　旅游业与各行业完全分配系数测算结果

部门	完全分配系数			
	2002 年	排序	2007 年	排序
农业	0.005 3	9	0.000 4	10
工业	0.061 3	3	0.000 8	8
建筑业	0.013 0	5	0.001 3	4
金融业	0.013 6	4	0.000 7	9

续表

部门	完全分配系数			
	2002 年	排序	2007 年	排序
住宿业	0.007 8	7	0.001 2	5
餐饮业	0.001 6	11	0.000 7	9
娱乐业	0.004 1	10	0.013 9	2
批发零售业	0.008 0	6	0.001 0	7
旅游业	0.083 8	2	0.077 3	1
运输业	0.007 3	8	0.001 1	6
其他服务业	0.137 1	1	0.003 3	3

总的来说，相对于后向关联度，旅游业的前向关联度比较低。比较表 5.4 和表 5.5 中 2002 年和 2007 年的直接分配系数和完全分配系数可知，其均较低，且 2007 年与 2002 年相比变化不大，说明了旅游业对其他产业发展的支撑作用不明显，这是由旅游业本身的特点所决定的，旅游业的产品主要用于直接消费，而不是作为中间投入。总而言之，旅游业的后向关联大于前向关联，说明旅游业发展对其他产业的拉动能力大于旅游业对其他产业发展的支撑作用。

旅游业的后向关联度比较高，前向关联度比较低，旅游业的后向关联大于前向关联，说明旅游业发展对其他产业的拉动能力大于旅游业对其他产业发展的支撑作用。旅游业的后向关联作用明显强于前向作用，这与旅游业第三产业的性质有关，即旅游业通过消耗其他产业的产品和服务产出旅游产品或服务，供应其他产业或作为居民消费品。存在既向旅游业提供产品和服务，又利用旅游业的产品和服务的产业，即环向关联产业。其中住宿业和餐饮业最为典型，它们同时与旅游业存在较强的前向和后向联系，并且后向联系强于前向联系。

5.2.3　旅游业的中间需求率与中间投入率

1. 中间需求率

中间需求率是国民经济对某一产业的产品的中间需求量之和与全社会对这一产品的总需求量（中间需求量+最终需求量）之比。换言之，其是某种产品被国民经济部门用做中间产品的部分占该种产品总量的比重。中间需求率越高，表明该产业越带有提供中间产品的性质。由于一个产业的产品不是作为中间产品就是作为最终产品，即中间需求率+最终需求率=1。因而，某产业的中间需求率越高，它的最终需求率就越低，反之亦然，即一个产业的中间需求率低，最终需求率必然高，因而这个产业也就越带有提供最终产品的性质。换句话说，这个产业的产品更多的是用于最终需求、居民消费、投资消费或出口。中间需求率越高，表明该产业越带有提供中间产品的性质；中间需求率越低，则表明该产业越带有提供最终产品的性质。依据中间需求率，就可比较精确地计算出各产业部门的产品用做生产资料和消费资料的比例，从而较准确地把握各产业部门在国民经济中的地位与作用（唐明贵，2006）。国民经济各部门的中间需求率见表 5.6。

表 5.6　旅游业与各行业中间需求率测算结果

部门	中间需求率			
	2002 年	排序	2007 年	排序
农业	0.572 4	5	0.707 4	5
工业	0.689 6	3	0.721 5	4
建筑业	0.063 0	11	0.032 2	11
金融业	0.556 4	6	0.544 4	6
住宿业	0.767 7	1	0.827 3	1
餐饮业	0.405 4	8	0.498 3	8
娱乐业	0.455 9	7	0.735 8	3
批发零售业	0.618 5	4	0.517 1	7
旅游业	0.212 1	10	0.310 2	10
运输业	0.743 4	2	0.750 5	2
其他服务业	0.290 5	9	0.326 8	9

依据中间需求率，可以较精确地计算出各产业部门的产品用做生产资料和消费资料的比例，从而较准确地把握各产业部门在国民经济中的地位与作用，具体如下：

$$h_i = \frac{\sum_{j=1}^{n} x_{ij}}{\sum_{j=1}^{n} x_{ij} + Y_i} \quad (i=1,2,\cdots,n) \tag{5.5}$$

其中，x_{ij} 表示 j 产业对 i 产业产品的中间需求量；Y_i 表示 i 产业的最终需求量。

从表 5.6 可知，旅游业的中间需求率 2002 年时为 0.212 1，2007 年时为 0.310 2，在 11 个行业中排序为第 10 位。这表明，2002 年大约有 21%的旅游服务产品用做国民经济各部门的生产要素；约 79%的旅游服务产品被用做最终产品，投入居民消费或旅游出口。2007 年大约有 31%的旅游服务产品被国民经济各部门用做中间产品投入生产消费；约 69%的旅游服务产品被用做最终产品，投入居民消费或旅游出口。这说明，我国旅游业产品以最终使用为主，且旅游服务不仅可以作为服务消费品被居民用于生活消费，还可以作为服务型生产要素，被各行业用于生产消费。

旅游业是一种以生活消费资料属性为主、生产资料属性为辅的非实物产品，并且在 11 个行业中旅游业的中间需求率较低，说明旅游业的服务性较强。

2. 中间投入率

中间投入率是某一产业在一定时期内生产过程中的中间投入与总投入之比。它反映了该产业的总产值中从其他产业购进的中间产品所占的比重（戴斌和束菊萍，2005）。由于某产业的附加价值率与中间投入率之和恒等于 1，因此某产业的中间投入率越高，其附加价值率就越低，说明该产业对上游产业的依赖程度越大，带动能力越强，反之亦然。国民经济中各部门的中间投入率见表 5.7。

表 5.7　旅游业与各行业中间投入率测算结果

部门	中间投入率			
	2002 年	排序	2007 年	排序
农业	0.418 1	10	0.413 8	9
工业	0.701 4	2	0.767 0	2
建筑业	0.765 6	1	0.768 6	1
金融业	0.316 0	11	0.251 0	11
住宿业	0.548 0	4	0.577 2	5
餐饮业	0.607 9	3	0.635 3	4
娱乐业	0.513 6	6	0.533 3	7
批发零售业	0.458 6	8	0.398 9	10
旅游业	0.458 0	9	0.683 4	3
运输业	0.519 0	5	0.538 0	6
其他服务业	0.487 7	7	0.517 8	8

中间投入率公式如下：

$$k_i = \frac{\sum_{i=1}^{n} x_{ij}}{\sum_{i=1}^{n} x_{ij} + N_i} \quad (j=1,2,\cdots,n) \tag{5.6}$$

其中，x_{ij} 表示 j 产业对 i 产业产品的中间投入量；N_i 表示 i 产业的增加值。

由表 5.7 可知，旅游业 2002 年的中间投入率为 0.458 0，2007 年的中间投入率为 0.683 4，2007 年较 2002 年中间投入率有所增加，表明旅游业对相关产业的拉动能力增强。以 2007 年为例，我国旅游业总产出中约有 68% 来自中间投入，约有 32% 来自产业增加值，属于中间投入较大而附加值低的产业，即在很大程度上，我国旅游业需要其他产业的产品作为中间投入的生产要素，故属于国民经济的后续产业部门，具有较强的产业关联性，所以发展旅游业会拉动相关产业的发展。

综合中间需求率小和中间投入率大的特征可以看出，旅游业属于最终需求型产业。它的中间需求率比较小，意味着它的产品用做国民经济各产业部门的生产要素的比重较小，属于最终产品主导型产业，因此其销售市场主要属于消费市场。随着国民经济发展水平的提高，由于旅游服务具有较高的收入需求弹性，旅游服务市场将以高于国民经济增长率的速度增长，推动旅游业的发展。同时，它的中间投入率较大，说明它在很大程度上需要其他产业的产品作为中间投入的生产要素，因此在国民经济中属于后续产业，与先行产业的产业关联性较强。旅游业的发展，会拉动其先行产业相关部门的发展。

5.3　旅游业产业波及效应分析

产业波及是指国民经济产业体系中，产业部门的变化按照不同的产业关联方式，引起与其直接相关的产业部门的变化，然后导致与后者直接和间接相关的其他产业部门的变化，依次传递，乃至影响力逐渐消减的过程（张华初和李永杰，2007）。产业波及对国民经济产业体系的影响，就是产业波及效应。产业波及效应主要通过感应度和感应度系数、影响力和影响力系数等指标定量分析。

5.3.1　旅游业感应度和感应度系数

产业感应度反映了国民经济各产业变动后使某一产业受到的感应能力，这种感应能力表现为该产业受到国民经济发展的拉动能力，以感应度系数表示。感应度系数是某产业的感应度与国民经济各产业感应度的平均水平之比，计算式如式（5.7）所示。感应度系数大于 1 表示该产业受到国民经济的拉动作用较强，小于 1 则表示该产业受到国民经济的拉动作用相对较弱。

$$\phi_j = \frac{\sum_{j=1}^{n} A_{ij}}{\frac{1}{n}\sum_{i=1}^{n}\sum_{j=1}^{n} A_{ij}} \quad (i=1,2,\cdots,n) \tag{5.7}$$

其中，ϕ_j 为 j 部门感应度系数；A_{ij} 为 $(I-A)^{-1}$ 中第 i 行第 j 列的系数；$\sum_{i=1}^{n} A_{ij}$ 为 j 部门的影响力水平。

表 5.8 显示，11 个行业中工业受到国民经济的拉动能力最强。去除工业的 10 个行业感应度系数都相对较低，均小于 1，表示国民经济的发展对这些产业的拉动能力低于平均水平，说明这些产业受国民经济发展的拉动作用，或者说国民经济对这些产业发展的拉动作用较弱。2002 年旅游业的感应度系数为

0.467 7，在 11 部门的国民经济的感应度系数中排序为第 10 名；2007 年旅游业的感应度系数为 0.412 3，在 11 部门的国民经济的感应度系数中排序为第 9 名。这说明国民经济的发展对旅游业的拉动能力较弱，并且从绝对值来看，其拉动作用在减弱。

表 5.8　旅游业与各行业产业感应度系数测算结果

部门	产业感应度系数			
	2002 年	排序	2007 年	排序
农业	0.962 4	2	0.833 1	2
工业	4.269 1	1	5.162 0	1
建筑业	0.528 1	8	0.399 1	10
金融业	0.790 9	5	0.711 3	5
住宿业	0.496 0	9	0.463 1	8
餐饮业	0.536 9	7	0.511 0	7
娱乐业	0.435 4	11	0.385 9	11
批发零售业	0.780 3	6	0.562 1	6
旅游业	0.467 7	10	0.412 3	9
运输业	0.873 0	3	0.758 2	4
其他服务业	0.860 1	4	0.802 1	3

5.3.2　旅游业影响力和影响力系数

产业影响力反映了某一产业的最终产品变动对整个国民经济总产出变动的影响能力，这种影响能力表现为该产业对国民经济发展的推动能力，以影响力系数表示（张文建和阚延磊，2003）。影响力系数是某产业的影响力与国民经济各产业影响力的平均水平之比，它反映了某一产业对国民经济发展影响程度大小的相对水平，具体计算如式（5.8）所示。影响力系数大于 1 表示该产业的发展对国民经济的推动能力大于平均水平，对国民经济发展有较大促进作用；影响力系数小于 1 表示该产业的发展对国民经济的推动能力低于平均水平，对国民经济发展促进作用相对较小。

$$\delta_j = \frac{\sum_{i=1}^{n} A_{ij}}{\frac{1}{n}\sum_{i=1}^{n}\sum_{j=1}^{n} A_{ij}} \quad (j=1,2,\cdots,n) \tag{5.8}$$

其中，δ_j 为 j 部门影响力系数；A_{ij} 为 $(I-A)^{-1}$ 中第 i 行第 j 列的系数；$\sum_{i=1}^{n} A_{ij}$ 为 j 部门的影响力水平。

表 5.9 显示，2002 年和 2007 年 11 个行业产业影响力排在前三位的均为建筑业、

工业和餐饮业，说明这三个产业对国民经济发展的推动作用最大。2002 年旅游业的产业影响力系数是 0.882 4（小于 1），表明旅游业对国民经济发展的推动能力低于平均水平（排名第 9 位）。2007 年旅游业的产业影响力系数是 1.068 0（大于 1），表明旅游业对国民经济发展的推动能力高于平均水平（排名第 4 位），其对国民经济发展有较大促进作用。从 2002 年和 2007 年的影响力系数对比可以看出，旅游业影响力在绝对值和相对排序上都有所提高，排序更是从排名第 9 位上升到第 4 位，这说明相对于其他行业而言，随着时间的推移，旅游业对国民经济的拉动作用在逐渐凸显。

表 5.9　旅游业与各行业产业影响力系数测算结果

部门	产业影响力系数			
	2002 年	排序	2007 年	排序
农业	0.855 8	10	0.821 3	9
工业	1.239 1	2	1.325 3	2
建筑业	1.294 6	1	1.329 4	1
金融业	0.741 0	11	0.619 3	11
住宿业	1.037 8	4	1.028 0	5
餐饮业	1.070 7	3	1.092 5	3
娱乐业	1.000 0	5	0.966 4	8
批发零售业	0.909 8	8	0.780 2	10
旅游业	0.882 4	9	1.068 0	4
运输业	0.997 4	6	0.994 1	6
其他服务业	0.971 3	7	0.975 5	7

5.3.3　影响力系数、感应度系数和综合关联系数

综合关联系数是影响力系数和感应度系数的算术平均值，反映该产业对整个国民经济的综合影响能力。下面我们比较一下 11 个行业的综合关联系数，具体如表 5.10 所示。

表 5.10　旅游业与各行业产业感应度系数、影响力系数和综合关联系数测算结果

部门	产业感应度系数		产业影响力系数		综合关联系数			
	2002 年	2007 年	2002 年	2007 年	2002 年	排序	2007 年	排序
农业	0.962 4	0.833 1	0.855 8	0.821 3	0.909 1	5	0.827 0	5
工业	4.269 1	5.162 0	1.239 1	1.325 3	2.754 1	1	3.244 4	1
建筑业	0.528 1	0.399 1	1.294 6	1.329 4	0.911 4	4	0.864 0	4
金融业	0.790 9	0.711 3	0.741 0	0.619 3	0.766 0	9	0.665 0	11
住宿业	0.496 0	0.463 1	1.037 8	1.028 0	0.766 9	8	0.745 3	7
餐饮业	0.536 9	0.511 0	1.070 7	1.092 5	0.803 8	7	0.801 4	6

部门	产业感应度系数		产业影响力系数		综合关联系数				
	2002 年	2007 年	2002 年	2007 年	2002 年	排序	2007 年	排序	
娱乐业	0.435 4	0.385 9	1.000 0	0.966 4	0.717 8	10	0.676 0	9	
批发零售业	0.780 3	0.562 1	0.909 8	0.780 2	0.845 1	6	0.671 0	10	
旅游业	0.467 7	0.412 3	0.882 4	1.068 0	0.675 0	11	0.739 9	8	
运输业	0.873 0	0.758 2	0.997 4	0.994 1	0.935 2	2	0.876 0	3	
其他服务业	0.860 1	0.802 1	0.971 3	0.975 5	0.915 7	3	0.890 1	2	

从表 5.10 看出，不管是 2007 年的数据，还是 2002 年的数据，均显示旅游业的影响力系数大于感应度系数，说明旅游业对整个国民经济的推动作用要大于其本身受到国民经济发展后的拉动作用，这与大多数已有文献的研究结果基本一致。

2007 年，旅游产业的影响力系数大于 1，即影响力大于所有产业的平均水平，说明旅游产业对国民经济发展有较大的推动能力，而且 2007 年的影响力系数大于 2002 年的影响力系数，增加幅度为 21%，说明旅游业对国民经济发展的推动作用有所加强。

从感应度系数来看，旅游业的感应度系数远远低于全国的平均水平，说明国民经济发展对旅游产业的拉动作用较弱，而且 2007 年的感应度系数低于 2002 年的感应度系数，说明国民经济发展对旅游业的拉动作用在下降。

需要说明的是，感应度系数的下降并不说明旅游业没有随国民经济的发展而发展，它只表明旅游业在国民经济中地位的相对下降，而近年来旅游业在不断发展壮大。旅游业感应度系数下降的原因可能比较复杂，需要进一步研究，本章认为可能的原因之一是，旅游业投资周期长、容易受到外部冲击而具有脆弱性等特点，导致尽管旅游业有较强的产业拉动能力和对国民经济有较大的推动作用等优势，但人们对旅游业的重视程度还不够，旅游业的发展力度小于其他一些行业。随着我国经济增长方式的转变，这一现象将会改观。

从综合关联系数来看，2002 年旅游业在 11 个行业中排名第 11 位；2007 年排名上升到第 8 位。尽管 2007 年的系数大于 2002 年的系数，旅游业在整个经济中的影响能力在提高，但是应当看到，旅游业在整个经济中的综合影响力还是比较低。

5.4　旅游业其他宏观效应分析

投入产出表不仅深刻揭示了产业之间的技术关联关系，而且通过投入产出表，还可以反映各个产业对整个宏观经济的不同影响，因此在揭示旅游业与其他产业之间的关联关系的基础上，分析旅游业的宏观经济效应。

5.4.1　旅游业就业效应

就业效应衡量产业发展对就业的带动作用,也说明该产业的劳动密集型程度,以一个部门的总投入中劳动投入所占的比重来衡量,该比重越高说明该行业对劳动力需求越大,就业效果也就越明显。

测量就业效果的具体指标包括直接劳动报酬系数和完全劳动报酬系数。其中,第 j 部门的直接劳动报酬系数计算如式（5.9）所示:

$$a_{vj} = \frac{v_j}{X_j} \quad (j=1,2,\cdots,n) \tag{5.9}$$

其中, v_j 表示 j 部门的劳动者报酬; X_j 表示第 j 产业部门产品的各部门的总投入。

完全劳动报酬系数矩阵为

$$B_v = A_v(I-A)^{-1} \tag{5.10}$$

其中, A_v 为直接劳动报酬系数向量。

从表 5.11 的数据可以看出,旅游业的劳动报酬系数较大,在 11 部门中排在前列,这在一定程度上说明旅游业是劳动力密集型产业,对就业的带动作用相对较强。比较 2002 年和 2007 年的劳动报酬系数数据发现,不管是直接劳动报酬系数,还是完全劳动报酬系数,很多行业的劳动报酬系数都在下降,而旅游业的劳动报酬系数则在提高。旅游业直接劳动报酬系数和完全劳动报酬系数的提高均说明了劳动投入在旅游业总投入中比重的增加,这也从另一角度显示了越发展旅游业,就越能改善社会的就业状况。

表 5.11　旅游业与各行业的就业效果测算结果

部门	直接劳动报酬系数		完全劳动报酬系数	
	2002 年	2007 年	2002 年	2007 年
农业	0.465 9	0.555 9	0.686 4	0.767 3
工业	0.114 6	0.075 0	0.429 3	0.385 0
建筑业	0.138 6	0.118 1	0.493 3	0.410 4
金融业	0.167 7	0.140 5	0.298 1	0.235 4
住宿业	0.144 0	0.185 2	0.381 1	0.403 7
餐饮业	0.140 4	0.084 7	0.447 8	0.380 6
娱乐业	0.198 5	0.107 2	0.424 0	0.310 2
批发零售业	0.228 3	0.145 3	0.426 8	0.291 7
旅游业	0.192 1	0.196 7	0.387 6	0.452 9
运输业	0.212 0	0.125 2	0.434 0	0.326 7
其他服务业	0.314 4	0.275 5	0.525 2	0.473 6

5.4.2　旅游业产业投资效应

　　产业投资效应是指产业对投资的吸引力和促进作用，投资吸引力大小的最直接衡量指标之一就是产业内的投资回报率。产业经营效果衡量产业的经营绩效，经营绩效一方面能够说明产业内现有投资的收益状况，另一方面能够评价产业对潜在投资的吸引力。产业经营效果用直接营业盈余系数来进行衡量，因此，以直接营业盈余系数来衡量产业的投资效应，直接营业盈余系数的计算式如下：

$$a_{mj} = \frac{m_j}{X_j} \quad (j = 1, 2, \cdots, n) \tag{5.11}$$

　　其中，m_j 表示 j 部门的直接营业盈余额；X_j 表示 j 产业部门产品的各部门的总投入。直接营业盈余系数是产业的营业盈余占总投入的比重，该指标能够反映出产业实际经营状况的变化情况，指标越高，经营效果越好，有较好的投资回报率，对投资有较大的吸引力和较强的促进作用，说明产业具有较强的投资效应。

　　从表 5.12 可以看出，2007 年旅游业的营业盈余系数较低，排在第 9 位，除农业外，仅高于住宿业，说明旅游业的经营效果较差，投资回报率较低。而 2002 年旅游业的营业盈余系数排名第 1 位。比较 2002 年和 2007 年的数据，2002 年营业盈余系数为 0.254 7，2007 年营业盈余系数为 0.061 3，在此期间营业盈余系数下降了 75.9%，排名由原来的第 1 位下降到第 9 位。这说明中国旅游业的经营状况在恶化，投资回报率在下降。旅游业的投资周期长，旅游消费市场较容易受到各种突发事件的影响，造成旅游业投资风险较大。因而，旅游业较低的回报率对潜在投资的吸引力在减弱，从而也会影响与旅游产业后向关联度高的产业的投资。

表 5.12　旅游业与各行业的营业盈余系数测算结果

部门	营业盈余系数			
	2002 年	排序	2007 年	排序
农业	0.070 2	9	0.000 0	11
工业	0.075 4	8	0.075 4	7
建筑业	0.060 7	11	0.072 3	8
金融业	0.228 5	2	0.316 7	1
住宿业	0.143 2	4	0.035 8	10
餐饮业	0.159 3	3	0.231 6	4
娱乐业	0.075 9	7	0.238 6	3
批发零售业	0.063 8	10	0.267 3	2
旅游业	0.254 7	1	0.061 3	9
运输业	0.101 2	5	0.205 6	5
其他服务业	0.087 7	6	0.105 6	6

5.4.3　旅游业消费效应和出口效应

产品消费、出口效应衡量产业对消费、出口的影响效果时分别用最终消费系数、出口系数来表示，下面为两项指标的一般计算公式。

最终消费系数计算公式为

$$c_i = \frac{C_i}{Y_i} \quad (i = 1, 2, \cdots, n) \tag{5.12}$$

其中，c_i 表示第 i 部门的最终消费系数；C_i 为第 i 部门提供的产品和服务用于消费的部分；Y_i 表示第 i 部门的总产品。最终消费系数越大，表明总产品用于消费的部分越多。

出口系数计算公式为

$$e_i = \frac{E_i}{Y_i} \quad (i = 1, 2, \cdots, n) \tag{5.13}$$

其中，e_i 表示第 i 部门的出口系数；E_i 表示第 i 部门提供的产品和服务为国外消费者所消费的部分；Y_i 表示第 i 部门的总产品。出口系数越大，表明总产品用于出口的部分越多。

从表 5.13 可以看出，与其他行业部门相比较，对于消费效应而言，2002 年和 2007 年旅游业的最终消费系数都处于较高水平，2002 年排在第 2 位，2007 年排在第 1 位，旅游业每 10 000 元的总产品中分别有 6 237 元（2002 年）和 6 354 元（2007 年）用于消费，消费占总产出的比重超过 60%。这说明旅游业总产出中大部分用于消费，大力发展旅游业是刺激消费需求的重要手段。

表 5.13　旅游业与各行业的就业效果测算结果

部门	最终消费系数				出口系数			
	2002 年	排序	2007 年	排序	2002 年	排序	2007 年	排序
农业	0.371 9	5	0.235 2	6	0.016 6	9	0.013 6	9
工业	0.116 6	9	0.075 0	9	0.146 5	4	0.157 7	3
建筑业	0.000 0	11	0.014 9	11	0.003 7	10	0.006 5	10
金融业	0.396 6	4	0.347 3	4	0.001 5	11	0.002 5	11
住宿业	0.085 7	10	0.032 8	10	0.140 6	5	0.160 3	1
餐饮业	0.557 0	3	0.471 3	3	0.024 8	8	0.023 8	8
娱乐业	0.214 5	6	0.130 7	7	0.346 7	1	0.158 1	2
批发零售业	0.175 6	7	0.268 7	5	0.147 8	3	0.139 0	4
旅游业	0.623 7	2	0.635 4	1	0.164 5	2	0.084 3	6
运输业	0.142 2	8	0.124 3	8	0.099 4	6	0.124 3	5
其他服务业	0.694 8	1	0.631 9	2	0.048 5	7	0.051 9	7

旅游业的出口系数分别为 0.164 5（2002 年，排在第 2 位）和 0.084 3（2007 年，排在第 6 位），2007 年的数值和排名均有所下降。2007 年数值较低说明中国的旅游服务虽对国外游客具有一定的吸引力，但国内旅游消费占据主导地位，其系数下降表明国内旅游消费主导地位的上升，拓展旅游业国际市场潜力和空间较大。

5.5 本章小结

（1）通过对旅游业前向、后向关联产业分析及旅游业的中间需求率和投入率的分析，可以得出如下结论。

第一，旅游业有较高的直接消耗系数和完全消耗系数，说明旅游业对上游产业的拉动能力较强，有较大的后向关联度，这与已有大多数文献的研究结论基本一致。2007 年旅游业直接消耗系数较大的部门为运输业、餐饮业和住宿业，说明旅游业对这些部门的直接带动作用较大，旅游业的发展能有力带动这些产业的发展。通过比较 2002 年和 2007 年的消耗系数，不管是直接消耗系数，还是完全消耗系数，旅游业对工业、住宿业、运输业、餐饮业及金融业的消耗系数都有较大程度提高，说明旅游业的发展对这些产业或部门的带动能力越来越大。从总的直接消耗系数来看，2007 年旅游业每产出 10 000 元，需要直接消耗中间投入 6 834元，相比 2002 年的 4 579 元，提高了 49.25%，说明旅游业对上游产业的拉动能力有较大幅度的提高，后向关联度越来越大。

第二，总的来说，旅游业的前向关联度比较低。比较 2007 年和 2002 年的前向关联系数数据，尽管旅游业与其产业的前向关联有一定程度的提高，但从总的直接分配系数可以看出，2007 年总的直接分配系数只有 0.323 7，说明旅游业对其他产业发展的支撑作用不明显，这是由旅游产业本身的特点所决定的，旅游行业的产品主要用于直接消费，而不是作为中间投入。

第三，我国旅游业对运输业、餐饮业和住宿业的直接消耗系数和完全消耗系数都比较大，说明我国旅游业对运输业、餐饮业和住宿业的依赖程度比较大，对运输业、餐饮业和住宿业的拉动作用也比较大。旅游业在很大程度上依赖这三个行业的发展。

第四，综合中间需求率小和中间投入率大的特征可以看出，旅游业属于最终需求型产业。它的中间需求率比较小，意味着它的产品用做国民经济各产业部门的生产要素的比重较小，属于最终产品主导型产业，因此其销售市场主要属于消费市场。同时，它的中间投入率较大，说明它在很大程度上需要其他产业的产品作为中间投入的生产要素，因此，在国民经济中属于后续产业，与先行产业的产业关联性较强。

（2）比较旅游业的影响力系数、感应度系数和综合关联系数得出如下结论。

第一，2007 年旅游业的影响力系数大于 1，即影响力大于所有产业的平均水平，说明旅游业对国民经济发展有较大的推动能力，而且 2007 年的影响力系数大于 2002 年的影响力系数，增加幅度为 21%，说明旅游业对国民经济发展的推动作用有所加强。

第二，从感应度系数来看，旅游业的感应度系数远远低于全国的平均水平，说明国民经济发展对旅游产业的拉动作用较弱，而且 2007 年的感应度系数低于 2002 年的感应度系数，说明国民经济发展对旅游业的拉动作用在下降。

第三，不管是 2007 年的数据，还是 2002 年的数据，均显示旅游业的影响力系数大于感应度系数，说明旅游业对整个国民经济的推动作用要大于其本身受到国民经济发展后的拉动作用，这与大多数已有文献的研究结果基本一致。并且，从时间上看旅游业对国民经济发展的推动作用较强并在逐步提高，而国民经济发展对旅游业发展拉动作用较小并呈下降趋势。所以，我国旅游业应该采取主动发展的模式，即通过主动发展旅游业来推动国民经济的发展，而不是等国民经济发展了再来考虑旅游业的发展。

第四，从综合关联系数来看，2002 年旅游业在 11 个行业中排名第 11 位；2007 年排名上升到第 8 位。尽管 2007 年的系数大于 2002 年的系数，旅游业在整个经济中的影响能力在提高，但是应当看到，旅游业在整个经济中的综合影响力还是比较低。

（3）分析旅游业就业效应、投资、消费和出口效应可得出如下结论。

第一，旅游业的劳动报酬系数较大，说明旅游业是劳动力密集型产业，对就业的带动作用相对较强。比较 2002 年和 2007 年的劳动报酬系数数据发现，很多行业的劳动报酬系数，不管是直接劳动报酬系数，还是完全劳动报酬系数都在下降，而旅游业的劳动报酬系数则在提高。旅游业直接劳动报酬系数和完全劳动报酬系数的提高均说明了劳动投入在旅游业总投入中比重的增加，这也从另一方面显示了越发展旅游业，就越能改善社会的就业状况。

第二，2007 年旅游业的营业盈余系数较低，排在第 9 位，说明旅游业的经营效果较差，投资回报率较低。比较 2002 年和 2007 年的数据，2002 年的营业盈余系数为 0.254 7，2007 年的营业盈余系数为 0.061 3，在此期间营业盈余系数下降了 75.9%，排名由原来（2002 年）的第 1 位下降到第 9 位。这说明中国旅游业的经营状况在恶化，投资回报率在下降。

第三，与其他行业部门相比较，对于消费效应而言，2002 年和 2007 年旅游业的最终消费系数都处于较高水平。旅游业每 10 000 元的总产品中分别有 6 237 元（2002 年）和 6 354 元（2007 年）用于消费，消费占总产出的比重超过 60%。这说明旅游业总产出中大部分用于消费，大力发展旅游业是刺激消费需求的重要手段。

　　第四，旅游业的出口系数较低说明中国的旅游服务虽对国外游客具有一定的吸引力，但国内旅游消费占据主导地位，其系数下降表明国内旅游消费主导地位的上升，拓展旅游业国际市场潜力和空间较大。

第6章 中国旅游业发展的思考与对策

从新中国成立到改革开放前，旅游业仅作为中国外交事业的延伸和补充。从1978年开始，旅游业进入了新的历史时期，中国旅游业发展战略经历了从"大力发展入境旅游"到"大力发展入境旅游、积极发展国内旅游、规范发展出境旅游"，再到"全面发展国内旅游、积极发展入境旅游、有序推进出境旅游"的转变；其产业定位经历了从事业型的"民间外交"到经济型的"创汇产业"，从国民经济的"新增长点"再到培育成国民经济"战略性支柱产业"和"人民群众满意的现代服务业"的转变；中国旅游业实现了从"旅游资源大国"到"亚洲旅游大国"的转变，并且正在向"世界旅游强国"目标迈进。旅游业在经济、文化、社会建设及国际交往中发挥着重要的积极作用。

6.1 中国旅游业经济发展的思考

6.1.1 旅游业的产业定位

经过三十余年的发展，旅游产业已经成长为国民经济的一大产业，在经济社会发展中扮演着越来越重要的角色。自1986年被纳入国民经济与社会发展计划之后，旅游产业在不同的发展阶段，分别被确立为第三产业的重点产业、第三产业新兴产业序列第一位、国民经济增长点、国民经济重要产业，在国民经济中的地位随着旅游业贡献的扩大而愈发突出。2009年12月，《国务院关于加快发展旅游业的意见》出台，这是中国新时期旅游发展的一个纲领性文件，文件中明确提出，"把旅游业培育成国民经济的战略性支柱产业和人民群众更加满意的现代服务业"，从总体上对我国旅游产业有了清晰的定位。这无疑是旅游业在国民经济中地位的历史性提升。

此后，《国务院关于推进海南国际旅游岛建设发展的若干意见》，以及关于四川汶川、重庆、福建、宁夏、长三角地区、东北地区、广西等地的发展指导意见，均指出要将旅游业作为区域重要产业来发展。海南正式明确了"旅游立省"战略，使地方对旅游业发展的关注达到新的高度。目前，旅游业作为战略性支柱产业，与各区域规划的融入程度越来越深，旅游业在推动区域发展、促进民生改善等方面发挥着越来越重要的作用。

战略性支柱产业是指对国家或地区经济社会发展具有战略意义、构成经济社会发展重要支撑的产业，它不仅本身具有相当的规模，而且发展潜力巨大，同时能够对经济社会发展起到广泛的关联带动的作用。国际上一般认为一个产业的增加值占到国内生产总值的 5% 以上，就是支柱产业，占到 8% 以上就是战略性支柱产业。《国务院关于加快发展旅游业的意见》首次明确提出，要将旅游业培育成国民经济的"战略性支柱产业"。对此前所未有的高度定位，旅游业业界内外有多种理解和认识。本书认为应从两个层面来理解和认识旅游业"战略性支柱产业"的定位：一是旅游业所具有的"战略性地位"；二是旅游业发挥"支柱性作用"。"战略性地位"体现了旅游业在国民经济、社会发展、政治外交等领域所具备的重要功能；"支柱性作用"体现了旅游业对国民经济、社会发展、政治外交等方面所发挥的重大作用。在具体实施上，从产业的关联发展来看，本书认为：首先，要推动旅游业与第一产业融合发展，重点发展乡村旅游；其次，要推动旅游业与第二产业融合发展，大力发展旅游装备制造业；最后，要推动旅游业与第三产业主要是与文化、金融、交通、商务、医疗、体育等产业融合发展。

6.1.2　旅游业在国民经济中的地位

一个国家或地区推进旅游业发展的目的，主要是期望通过发展旅游业带给这个国家或地区较大的经济收益和创造更多的就业机会。因此，按照旅游经济理论，发展旅游业能够增加国民收入、赚取外汇、回笼货币、扩大就业、带动相关产业发展，并促进社会经济发展和生态环境的保护和改善等。然而对旅游业在国民经济中的地位和作用的分析较多的是理论分析和定性研究，缺乏更多科学的、客观的量化分析及个案研究，这使许多规划人员、政府官员、学者及大众对旅游业的认识产生许多盲点，甚至是错误的评价和理解，从而制约着旅游业经济发展。这些错误的评价主要表现在如下两个方面。

第一，对旅游业地位和作用过高估计和期望。尤其是随着当今世界旅游业的迅速发展及其对经济的推动作用，一部分人把旅游业过高估计为"低投入、高产出"的高额回报，诱发人们对旅游投资的过高期望。事实上，对旅游乘数分析方法的运用不仅需要大量精确数据，而且计算方法和相关因素也极为复杂，稍有不慎就会影响分析结论的正确性和合理性，导致"失之毫厘，谬以千里"。

例如，目前国内通行的用"旅游业总收入相当于国内生产总值的百分比"来分析和评估旅游业的经济地位和作用，也是极不合适的方法。旅游总收入相当于总产值的概念，而国内生产总值是增加值的概念，用总产值与增加值相比较，必然会夸大旅游业在国民经济中的贡献作用，从而使人们不切实际地对旅游业产生过高的期望和评价。

　　第二，缺乏科学、客观的分析评价方法。这会产生与前述完全相反的倾向，降低对旅游业经济地位和作用的认识，甚至会完全否定旅游业对社会经济发展的促进作用。尤其是在旅游业初期发展的国家或地区，低估旅游业经济影响力是普遍存在的。低估的主要原因如下：一是认为旅游业主要指狭义的旅游业，仅仅包括旅行社业，而忽略了旅游过程中的"吃、住、行、游、购、娱"等多方面，从而不能正确地反映旅游业经济地位和作用；二是现行的国民经济核算和统计制度，不能把流向国民经济各行业部门的旅游消费统一规划到旅游业的统计中去，从而影响了对旅游业经济作用、地位和影响力的客观分析和评估，导致对旅游业经济地位的过低评价；三是由于在国际国内的国民经济核算中，旅游业尚未成为一个独立的产业，因而有关旅游业增加值、就业等方面的分析方法也比较缺乏或不完善，从而影响了人们对旅游业在国民经济中的地位和作用的正确评估。

　　在对旅游业在国民经济中的地位做量化分析的时候，我们通常用旅游收入占国内生产总值的百分之几来表示旅游业对国民经济的贡献。2007 年的旅游收入/GDP=4.39%。以《2007 年中国投入产出表》测算得到 2007 年旅游直接产出增加值/GDP=1.99%。1.99%比 4.39%小了一半多，这说明传统方法测算夸大了旅游直接产出（旅游收入）对国民经济的贡献。国际上一般认为一个产业的增加值占到国内生产总值的 5%以上，就是支柱产业。我国旅游业增加值占国内生产总值的 1.99%，远低于 5%，说明旅游业并不是国民经济发展的支柱产业，至少在 2007 年和 2002 年都不能称之为支柱产业。同时，旅游业发展的区域差异性也比较大，有些地方旅游业的经济发展较快，旅游业增加值占国内生产总值的比重可达 5%以上。目前，我国已经有 28 个省（自治区、直辖市）将旅游业定位为战略性支柱产业或支柱产业。

6.1.3　国内旅游主体地位的确立

　　与发达国家旅游业发展的道路不同，我国旅游业发展选择的是非常规的旅游业发展道路，即大力发展入境旅游、积极发展国内旅游、规范发展出境旅游。改革开放三十多年来，国家为旅游业发展制定的政策基本没有改变。但是，随着我国旅游业的稳步增长，旅游业在发展的过程中，不同旅游市场份额及表现出现了显著的变化。如表 6.1 所示，2010 年实现旅游外汇收入 458.14 亿美元，同比增长15.47%。另外，比较 1995~2010 年我国旅游收入的构成能够发现，除 2007 年我国旅游外汇收入呈现明显增长之外，2008 年和 2009 年均因国际经济危机呈现出负增长。相反则发现，我国国内旅游收入逐年增长，且增长势头明显。国内旅游收入年平均增长率都保持在 15%的水平上。

表 6.1　1995~2010 年旅游国内旅游人数、收入与入境旅游比较

年份	入境旅游人数/百万人次	增长率/%	国内旅游人数/亿人次	增长率/%	旅游外汇收入/亿美元	增长率/%	国内旅游收入/亿元	增长率/%	旅游总收入/亿元	国内旅游收入占总收入的比例/%
1995	46.38	—	6.29	—	87.33	—	1 375.70	—	2 102.05	65.45
1996	51.12	10.22	6.40	1.75	102.00	16.80	1 638.38	19.09	2 484.82	65.94
1997	57.58	12.64	6.44	0.63	120.74	18.37	2 112.70	28.95	3 112.38	67.88
1998	63.47	10.23	6.95	7.92	126.01	4.37	2 391.18	13.18	3 434.49	69.62
1999	72.79	14.68	7.19	3.45	140.99	11.88	2 831.92	18.43	3 999.25	70.81
2000	83.44	14.63	7.44	3.48	162.24	15.07	3 175.32	12.13	4 518.61	70.28
2001	89.01	6.67	7.84	5.38	177.92	9.66	3 522.36	10.92	4 994.95	70.52
2002	97.90	9.99	8.78	11.99	203.85	14.57	3 878.36	10.11	5 565.54	69.69
2003	91.66	−6.38	8.70	−0.91	174.06	−14.61	3 442.27	−11.24	4 882.95	70.50
2004	109.03	18.96	11.02	26.67	257.39	47.87	4 710.71	36.85	6 841.13	68.86
2005	120.29	10.32	12.12	9.98	292.96	13.82	5 285.86	12.21	7 650.11	69.10
2006	124.94	3.87	13.94	15.02	339.49	15.88	6 229.74	17.86	8 969.49	69.45
2007	131.87	5.55	16.10	15.49	419.19	23.48	7 770.62	24.73	10 987.20	70.36
2008	130.02	−1.40	17.12	6.34	408.43	−2.57	8 749.30	12.59	11 732.72	74.57
2009	126.47	−2.73	19.02	11.10	396.75	−2.86	10 183.69	16.39	12 895.32	78.97
2010	133.76	5.76	21.03	10.57	458.14	15.47	12 579.77	23.53	15 708.04	80.08

资料来源：根据《中国统计年鉴》（1996~2011 年）计算所得

从统计数据可以看出，入境旅游增速呈现递减趋势，而国内旅游人数除 2003 年"SARS"和 2008 年金融危机外呈现明显递增趋势，且国内旅游人数、收入和增长速度远远高于入境旅游。国内旅游收入占旅游总收入的比例较大，并且增长趋势明显，2010 年国内旅游收入占全部旅游收入的 80%。改革开放后发展旅游业主要是为了创汇，而现在旅游业已经成为扩大内需的重要手段。可见，在新的历史阶段，国内旅游发展有重要的意义。

众多的统计数据和实际分析都已经证明，我国旅游业的市场内涵正在悄然变化。与此同时，国家旅游局也在逐步转变旅游业发展的政策。"大力发展入境旅游、积极发展国内旅游、适度发展出境旅游"的政策也在渐渐变化。国内旅游在我国旅游业的发展中正在回归应有的位置。在 2005 年 8 月的全国旅游工作座谈会上，国家旅游局提出，在三大市场中"大力发展入境旅游，规范发展出境旅游，全面提升国内旅游"的战略调整。2006 年 1 月，国家旅游局又提出把国内旅游市场作为旅游业的基本立足点。2008 年国家旅游局已经准备将我国发展三大旅游市场的政策由"大力发展入境旅游、积极发展国内旅游、规范发展出境旅游"，调整为"全面发展国内旅游、积极发展入境旅游、有序推进出境旅游"。在 2009 年的全国旅

游工作会议上，邵琪伟局长在工作报告中将旅游业的发展方针概括为"大力发展国内旅游、积极发展入境旅游、有序推进出境旅游"，这表明在兼顾入境旅游和出境旅游的同时，以发展国内旅游业为全国旅游发展及旅游工作的基本立足点和战略支撑点。

国内旅游占旅游经济的主体是旅游业发达国家发展的常态，也是大众旅游时期的显著特征。先国内旅游，后入境旅游，再出境旅游，既是各国通行路径，也符合各国通行路径，同时也符合旅游全球化的基本规律。各国旅游业普遍"先国内后国际"，遵循"先行发展国内旅游，再依次发展入境旅游和出境旅游"的发展路径，有着脉络清晰的逻辑轨迹。率先发展国内旅游业，优先满足国内国民需求，体现"国民优先"的产业关切和"民族利益优先"的最初动机。旅游业是民生产业，满足最广大人民群众的旅游需求，是发展旅游业的根本目的和立足点。我国发展三大旅游市场的政策立场、主张、内涵及目标都要向国内旅游倾斜。

6.1.4 旅游业经济增长的速度

旅游收入是国民经济收入的一个重要指标，一方面，旅游收入的增加势必会增加国民经济收入；另一方面，旅游业覆盖甚广，旅游业的发展会带动相关产业的发展，从而增加相关产业的收入。旅游业作为第三产业的重点，是现代服务业的重要组成部分。除去 2003 年"SARS"与 2008 年和 2009 年金融危机的影响，我国旅游收入的增长速度一直保持两位数字，2010 年旅游业总收入甚至达到 15 708.04 亿元，旅游收入的增长速度为 21.81%。初看这些统计数据让人不禁自喜，会得出旅游业的发展势如破竹的结论。但是通过分析比较，我们发现情况不容乐观。综观 1995~2010 年旅游业的发展，我们看出旅游业占国内生产总值的比重一直在 4%左右徘徊，更值得注意的是旅游业占第三产业的比重不升反而有下降的趋势。不可否认，我国旅游业这些年来发展速度稳而快，但是其占第三产业比重下降这一事实说明，第三产业的发展速度更快，旅游业相对于第三产业，其发展速度相对缓慢，故旅游业收入占第三产业国内生产总值的比值在下降，如表 6.2 所示。

表 6.2 旅游总收入、国内生产总值和第三产业国内生产总值

年份	旅游总收入/ 亿元	旅游收入 增长率/%	国内生产总值/ 亿元	旅游收入占国内 生产总值的 比重/%	第三产业国内 生产总值/ 亿元	旅游收入占第三 产业国内生产 总值的比重/%
1995	2 102.05	—	60 793.70	3.46	19 978.50	10.52
1996	2 484.82	18.21	71 176.60	3.49	23 326.20	10.65
1997	3 112.38	25.26	78 973.00	3.94	26 988.10	11.53
1998	3 434.49	10.35	84 402.30	4.07	30 580.50	11.23

续表

年份	旅游总收入/亿元	旅游收入增长率/%	国内生产总值/亿元	旅游收入占国内生产总值的比重/%	第三产业国内生产总值/亿元	旅游收入占第三产业国内生产总值的比重/%
1999	3 999.25	16.44	89 677.10	4.46	33 873.40	11.81
2000	4 518.61	12.99	99 214.60	4.55	38 714.00	11.67
2001	4 994.95	10.54	109 655.20	4.56	44 361.60	11.26
2002	5 565.54	11.42	120 332.70	4.63	49 898.90	11.15
2003	4 882.95	−12.26	135 822.80	3.60	56 004.70	8.72
2004	6 841.13	40.10	159 878.30	4.28	64 561.30	10.60
2005	7 650.11	11.83	184 937.37	4.14	74 919.28	10.21
2006	8 969.49	17.25	216 314.43	4.15	88 554.88	10.13
2007	11 043.95	23.13	265 810.31	4.15	111 351.95	9.92
2008	11 732.72	6.24	314 045.43	3.74	131 339.99	8.93
2009	12 895.32	9.91	340 902.81	3.78	148 038.04	8.71
2010	15 708.04	21.81	401 202.03	3.92	173 087.01	9.08

资料来源：根据《中国统计年鉴》（1996~2011 年）计算所得

这一分析结果与本书中第 5 章产业关联分析中得出的旅游业的综合关联系数比较低的结论相吻合。从综合关联系数来看，2002 年旅游业在 11 个行业中排名第 11 位；2007 年其排名上升到第 8 位。尽管 2007 年的综合关联系数大于 2002 年的综合关联系数，旅游业在整个经济中的影响能力在提高，但是应当看到，旅游业在整个经济中的综合影响力还是比较低。

6.1.5 旅游业的乘数研究的辩证

旅游学者关于旅游业对经济、就业的影响的分析与实证研究往往基于先验的观念和理论模型，而一些具体的情况并没有在相关的分析中加以考虑。先验的观念认为旅游开发总是数倍有利于经济的发展，有利于扩大就业。

受先验观念和理论模型的影响，实证研究在预设结论下展开，失去了实证研究的价值。现有的有关旅游业对促进区域经济发展、扩大就业的贡献的实证研究文献，绝大多数是先获得粗略的旅游收入、就业数据，然后"引用"世界旅游组织公布的旅游业的乘数资料，相乘就获得了综合收入、总体就业人数数据。例如，我国在旅游业对就业的贡献研究中，几乎没有例外地引用"据世界旅游组织统计，旅游业直接就业与带动间接就业的比例为 1：5.03"来计算，2001 年国家旅游局提出了今后 10 年通过大力发展旅游业，年平均增长 70 万个就业岗位和 350 万个间接就业岗位的目标。另外还有很多学者，如袁绍斌（2003）、王守初（2004）、龙京红（2005）、田中禾和魏长江（2001）、李兴绪和牟怡楠（2004）、王瑜（2006）

等在各自研究的区域旅游业经济影响中，都引用了这一没有来历的数据。

多年来学者所用的是世界旅游组织公布过的"旅游业的产出乘数是 4.3，就业乘数为 5.03"这两个数值，文献检索已无据可证，并且理论推断也不应该有，因为乘数值既有类型差别，又会随区域和时间而变化。那么我国学者普遍使用的"旅游业的乘数是 1∶5.03"是怎么来的呢？在旅游业尚没有纳入国民经济统计体系的情况下，这个"来历不明"的数据为何在近 20 年的时间里被广泛使用呢？为何目前可检索到的国外学者公布的比较小的旅游业就业乘数实证研究数据从来就没有人提及呢？"目的论"可能是比较合乎逻辑的解释。

本书测算的 2007 年的中国旅游业产出乘数为 3.15，2002 年的为 2.77；2007 年的中国旅游业就业乘数为 2.15，2002 年的为 1.77，均比世界旅游组织公布的数据小很多。

乘数是旅游经济研究中最受关注、最易引起争议的问题，也是最难取得研究成果的领域之一。由于旅游业内涵与外延的不确定性及统计体系与方法的制约，成果也很难得到广泛认可。可以借助乘数理念研究旅游业的经济影响，但应把握以下几点。

第一，旅游经济有乘数效应，但不是旅游业的特性。乘数效应并非旅游业所特有，在满足一定条件时，任何一项投资或支出都存在乘数效应。乘数效应是经济活动的普遍性，并非旅游业的特殊性，不应把乘数效应作为旅游业"高调定位"的理论依据，更不能以旅游业的乘数效应排斥其他经济活动的乘数效应。

第二，研究旅游业的乘数效应有几个重要的前提。乘数效应用来说明在一个存在资源闲置的经济中，投资、外贸、开支等会怎样影响产出和就业。否则，应先研究机会成本、替代成本等问题。

第三，乘数的计算需要建立大型的经济计量模型。相关教材中给出的是关于宏观经济结构的高度简化的模型，要获得符合现实的、反映出随旅游投资和消费的变动而变化的模型，用简单的旅游业总收入等是远远不够的，需要建立大型的旅游经济计量模型，并通过计算旅游投资变动对经济的影响在模型中进行数值检验。如此，旅游乘数模型才可以作为提出政策建议的依据。

第四，乘数的数值是具体的、动态的。相关教材和其他文献中所称，旅游业的就业乘数是 1∶5.03。暂且不论数值的大小是否合理，首先可以肯定的是，这个命题本身不成立。乘数有类型之别，乘数效应在不同的地区是不同的，在同一地区不同的时期也是变化的，旅游业的乘数与旅游开发地区的总体经济规模、经济结构、居民收入、消费、就业等相关，不存在一个没有空间差异的乘数值，也不存在一个不随时间变化的乘数值，乘数类型不同则数值不同，需要针对性地具体计算。

第五，乘数研究并不适合于区域旅游影响研究。乘数研究是针对国家层次的，乘数模型始终是宏观经济分析的工具，它不考虑经济活动的细节，因而无法决定对区域经济影响的大小。旅游活动甚至连区域都无法描述，所以不应机械地用乘数模型研究区域旅游开发。

6.1.6　旅游业对拉动内需的作用

从旅游业增长与我国最终消费增长的相关性分析可以看出，旅游业在拉动内需上的作用。根据《中国统计年鉴》（2011 年）公布的统计数据，2010 年我国最终消费为 200 657.3 亿元，国内生产总值为 401 202.0 亿元，全国最终消费对国内生产总值的贡献率为 50%。从近 10 年的发展趋势来看，我国最终消费对国内生产总值的贡献率呈逐步下滑的趋势，在当前国际贸易形势日趋复杂的环境下，努力扩大国内消费需求将成为今后我国经济发展面临的一个主要任务。

由于旅游产品属于最终消费品，而旅游消费规模也是随着经济的增长而不断扩大，因此，旅游业在最终消费中扮演着越来越重要的角色。为了更好地认识旅游消费增长与最终消费增长之间的关系，本书将 2000~2010 年我国国内旅游消费数据和最终消费数据进行比较分析（表 6.3）。

表 6.3　2000~2010 年我国最终消费与国内旅游消费的比较

年份	全国最终消费/亿元	国内旅游消费/亿元	国内旅游消费占全国最终消费的比重/%
2000	61 516.0	3 175.5	5.2
2001	66 878.3	3 522.4	5.3
2002	71 691.2	3 878.4	5.4
2003	77 449.5	3 442.3	4.4
2004	87 032.9	4 710.7	5.4
2005	97 822.7	5 285.9	5.4
2006	110 595.3	6 229.7	5.6
2007	128 793.8	7 770.6	6.0
2008	149 112.6	8 749.3	5.9
2009	171 105.6	10 183.7	6.0
2010	200 657.3	12 579.8	6.3

资料来源：根据《中国统计年鉴》（2001~2011 年）计算所得

从表 6.3 数据可以看出，2000~2010 年，我国国内居民旅游消费占全国最终消费的比重呈现出缓慢上升的趋势。2010 年，我国国内旅游收入占全国最终消费的比例达到了 6.3%。根据对《2007 年中国投入产出表》和《2002 年中国投入产出表》的分析可知，2002 年和 2007 年旅游业的最终消费系数都处于较高水平，2002年排在第 2 位，2007 年排在第 1 位，旅游业每 10 000 元的总产品中分别有 6 237

元（2002 年）和 6 354 元（2007 年）用于消费，消费占总产出的比重超过 60%。这说明旅游业总产出中大部分用于消费，大力发展旅游业是刺激消费需求的重要手段。旅游业已经成为拉动居民消费的主要产业之一。

6.1.7　旅游业基本消费和非基本消费比重

旅游业对各产业的直接消耗系数不仅反映了旅游业对各产业的依赖程度，同时也反映了旅游业对各产业的拉动能力。从 2002 年和 2007 年两年的分析可以看出我国旅游业对运输业、餐饮业和住宿业的直接消耗系数比较大，说明我国旅游业对运输业、餐饮业和住宿业的依赖程度比较大，对运输业、餐饮业和住宿业的拉动作用也比较大。黄金周期间，宾馆涨价，火车票、机票很难买，都反映了旅游业对交通运输与住宿餐饮业的强劲拉动作用。

旅游消费结构中，用于住宿、餐饮、交通和游览等的消费称为基本旅游消费，用于旅游购物、娱乐等的消费称为非基本旅游消费。一般而言，基本旅游消费是刚性的，不会有较大波动；而非基本旅游消费则具有较大弹性，旅游者往往存在冲动购买效应，因此是衡量一个国家旅游业发达水平的重要标志。在旅游发达国家，基本旅游消费一般介于 30%~40%，大份额的都是购物等非基本旅游消费。我国旅游消费构成中，"食、住、行"占了较大比例，"游、购、娱"只占很小比例。2007 年旅游业每 1 万元的产出拉动交通运输业 1 689 元、餐饮业 1 369 元、住宿业 1 230 元、娱乐业 4 元、批发零售业 36 元。我国的非基本旅游消费比较低。

非基本旅游消费偏低导致我国国内旅游的人均花费也低。2003 年美国国内旅游收入为 4 736 亿美元，每个公民平均每年花在国内旅游上的费用为 1 685 美元；2002 年法国的国内旅游收入约为 492 亿美元，每个公民平均每年花在国内旅游上的费用为 831 美元。而 2004 年，中国国内旅游收入为 4 711 亿元，平均每个中国公民国内旅游花费为 362 元，分别相当于美国的 12%和 2.6%。虽然中国国内旅游收入略高于法国，但人均国内旅游花费却只有法国的 5.2%（宋增文，2007）。中国国内旅游的人均花费同世界旅游强国存在这么大的差距，人均收入是一个重要原因，但绝不是唯一的原因。中国旅游消费中非基本旅游消费比率亟待提升。

6.1.8　旅游业对国民经济发展的推动

由第 5 章的分析可知，旅游业对国民经济的推动作用大于国民经济发展对旅游产业的拉动作用，推动作用在逐步提高，而国民经济发展对旅游业发展的拉动作用较小并呈下降趋势。

旅游业对国民经济的推动作用大，而国民经济对旅游业的拉动作用小，并呈现减弱趋势，但这并不是说明旅游业没有随国民经济的发展而发展，而只是表明旅游业在国民经济中地位的相对下降，但近年来旅游业是在不断发展壮大。

旅游业对整个国民经济的推动作用要大于其本身受到国民经济发展后的拉动作用，这与大多数已有文献的研究结果基本一致，在现实中也可以找到旅游发展促进经济发展的案例，如"栾川模式"和"焦作模式"都是典型代表。栾川县是一个国家级贫困县，其通过发展旅游业摆脱了经济发展的瓶颈和低谷，繁荣了当地的经济，富裕了一方老百姓。这是一个典型的旅游业发展带动经济发展的例子。"焦作模式"同样也给我们很好的启发。长期以来，煤矿业是焦作的经济支柱产业，相关行业增加值占全市工业增加值的比重在 90% 以上。随着煤炭资源逐渐枯竭，大批企业亏损严重，下岗失业人员占全市职工总数的 1/6。从 1999 年开始，焦作市委"以旅游业为突破口，带动第三产业全面发展"，营造很好的城市投资环境，优化城市的居住环境，塑造城市的形象，创造城市品牌，提升城市的知名度，从而带动城市经济的全面发展，提高城市的价值和竞争力，旅游业成为焦作的支柱产业。焦作因发展旅游业而成功实现城市转型的案例被誉为"焦作模式"。在被国家列入资源枯竭城市名单的 44 个城市中，有不少地区拥有丰富的旅游资源，如大兴安岭、景德镇、玉门、钟祥、五大连池等，选择旅游业作为城市产业转型的一个突破口不失为一种较好的方法。

6.2 中国旅游业经济发展的对策

6.2.1 摒弃"坐、等、靠"，主动出击发展旅游业

树立主动出击的思维观念，摒弃传统的"坐、等、靠"的发展思路。旅游业对国民经济的推动作用明显大于受到国民经济发展的拉动作用。因此，我国旅游业必须采取主动发展的模式，即通过主动发展旅游业来推动国民经济的发展，而不是等国民经济发展后再考虑旅游业的发展。我国旅游业内生性发展动力不足，这就要求必须主动出击，加快旅游业的发展，进一步完善旅游产业发展规划，制定合适的产业发展政策，引导资金向旅游业投入，真正地把旅游业作为潜在的支柱产业来培育，以推动国民经济的快速发展。

主动发展模式并不是说旅游业的发展可以随意脱离国民经济发展的体系水平，而是说在旅游业发展所依赖的基本条件达到后，旅游业的发展不会受制于国民经济发展。另外一层含义就是，即使旅游业发展所依赖的基本条件没有达到，也应该主动创造条件，实现这些基本条件后，以此作为基础，采取主动发展模式。主动发展模式要求，首先，在战略思想上要有主动发展的意识。这种主动发展意识强调要重视旅游业的发展，提高对旅游业重要性的认识。《国务院关于加快发展旅游业的意见》中特别提到"把旅游业培育成国民经济的战略性支柱产业和人民

群众更加满意的现代服务业"。因此,有必要提出旅游业战略性、支柱性的产业地位,即把旅游业由传统服务业逐渐向现代服务业转变;逐渐把旅游业打造成综合性的产业。

其次,探索旅游业主动发展的模式。旅游业的发展应该因地制宜,结合地区旅游资源的特色和地区经济发展的形态,形成旅游业与其他产业的联合化发展。以我国旅游业发展为例,我国旅游业发展的人文资源和自然资源都有着得天独厚的优势。

宏观层面,旅游业的发展可以采取联合或是聚合发展的模式,一是时间聚合,二是空间聚合,三是产业间聚合。时间聚合是指利用资源时间形态差异,形成不同历史背景形态的旅游产品与线路;空间聚合是指将不同区域特征的旅游风景区实现点、线、面聚合,形成大旅游区;产业间聚合是指尽可能实现旅游业与其他产业的融合发展,凸显产业集群的经济效益。

微观层面,旅游业主动发展还应完善产业内部各行业结构。旅游业包括旅行社业、饭店业、餐饮业、旅游交通及一些相关行业,为了提供符合旅游者需要的产品,旅游业内部要实现质和量的结构优化。第一,提升各行业旅游服务的品质。通过高品质的服务吸引旅游者的光顾与消费。第二,不断创新旅游产品。我国旅游资源丰富,但是从继续和深入发展旅游的要求看,旅游产品的创新能力不高。第三,进一步发展旅游交通事业。可进入性是旅游吸引力高低的前提。2010 年统计资料显示,旅游业对民航和铁路客运业的贡献率超过 80%。改善和完善交通的发展,是旅游业发展的先决条件。第四,实行旅、科、工、贸结合,开发本地特色的旅游商品。实行旅、科、工、贸结合,关键是运用科学技术,设计、生产、销售旅游商品,不断提高旅游商品销售在旅游创汇和回笼人民币中的比重。尽管国内外旅游者的旅游消费的结构不断改变,但是旅游购物消费仍然不明显。因此有必要建立专门的部门,实施系统化的调研,形成具有特色的旅游小商品,突出"旅游购物"的经济功能。

上述主动发展模式的内容实际上是强化旅游的供给功能,通过多样化的旅游产品激发旅游需求。

6.2.2　重视和发挥旅游业在拉动内需上的作用

1. 充分重视旅游业对扩大中国消费需求的地位和作用

国务院已经提出要把旅游业培育成国民经济的战略性支柱产业和人民群众更加满意的现代服务业,这是对我国旅游业产业地位的充分肯定。但如何解读和贯彻落实这一产业定位,是我国旅游业发展需要深入思考的问题。目前我国很多地方对旅游业产业地位的理解往往还停留在产业规模这一层面,对旅游业扩大内需的作用等产业功能层面还缺乏深入的认识。如果仅仅从旅游业增加值占国民经济的比重角度来衡量，很多地区旅游业目前都还不具备成为支柱产业的能力。但从旅游业对扩大国内消费需求的作用来看，旅游业已经成为我国拉动国内居民消费的第一大产业，这是旅游业产业功能的一个突出优势，也应该成为当前我国克服外部经济困难、拉动内需、刺激消费的一个重要工作抓手。

2. 积极发挥旅行社业在拉动内需方面的突出作用

从拉动内需、刺激消费的直接效果来看，在传统旅游部门中，旅行社业的作用效果是最为显著的。政府旅游部门在制定刺激旅游消费措施时，应充分重视旅行社业的产业拉动能力，在政策的制定、资源的投入等方面有针对性地向旅行社业倾斜，以最大限度地发挥政府资源投入对扩大内需的整体效应。

3. 注意加强住宿业在满足国内需求方面的基础性地位

2010 年统计资料显示，旅游业对住宿业的贡献率超过 90%。住宿业虽然在产业波及效果方面不及旅行社业，但在满足国内需求方面具有较为重要的地位，特别是在旅游业中具有基础产业的地位，住宿业发展的滞后会抑制国内消费需求的发展。因此，政府旅游部门在积极扩大内需的同时，要注意发挥住宿业的保障支持作用，努力提高住宿业发展水平。

6.2.3　改进旅游消费结构，积极拓展旅游消费

1. 改进旅游消费结构

旅游消费结构的积极改变不是一蹴而就的事，而是一个动态发展的过程。借鉴发达国家的经验，可以逐步改变我国的旅游消费结构。首先，应该提高旅游产品质量，同时加强产品创新。长久以来，许多旅游产品的形式和形态处于简单生产营销态势，只能满足旅游者的基本需求。其次，逐步提高居民的收入水平。形成旅游者的客观条件之一就是有足够的、可自由支配的收入。目前，我国居民的收入水平还比较低，且表现出明显的地区差异性。这从根本上决定了非基本旅游消费比重低的特点。当然，随着国力的持续增强，在不久的将来，会释放出大量货币用于非基本旅游消费。最后，旅游消费结构往往受到旅游者文化观念、消费观念等方面的影响。例如，到现在仍然存在这样的老思想，即"好出门不如赖在家"、"看景不如听景"及"能省一点就省一点"等。因此，需要在全社会范围内，积极正确引导，形成利于经济发展的消费观念。

2. 加强资源开发，积极拓展旅游消费

积极拓展旅游消费需求，加强对旅游资源的开发。中国历史悠久，地域辽阔，

旅游资源丰富，有很多的旅游资源都还没有被开发，需要从专业的角度对这些潜在旅游资源进行开发，形成新的旅游消费增长点。当前，我国旅游产品整体设计存在重大缺陷，产品结构不能适应产业目标消费群的需要，旅游企业要从旅游产品开发、宣传、包装、定价等方面进行合理策划，以满足不同层次的消费者对旅游产品的需求。重视对国外市场的开发，提高旅游业的国际竞争力。

6.2.4 发挥旅游业在国民经济发展中的带动作用

1. 实施旅游经济发展战略

全面建成小康社会，意味着我国到 2020 年将基本实现工业化，国土资源综合整治和生态保护建设达到新的水平，农业现代化和农村的城镇化进程大见成效，西部大开发战略取得突破性进展，第三产业在国民经济中的比重大大提高，这个历史进程将从各方面和旅游业形成良性互动，共同发展。

投资、消费和出口是保持经济增长的三个主要方面，旅游业在这三个方面都能发挥重要的作用。从宏观来看，旅游投资对经济增长起到了一定的作用。国际上普遍认为，旅游业是最优秀的出口产业，就地出口风景，具有换汇成本低的优势。国家推行了多项政策刺激内部需求，如实施西部大开发、调高公务员薪酬、增加基础设施开支等。在这些政策的基础上，还应借鉴发达国家发展旅游休闲产业的成功经验，采取措施，大力刺激旅游休闲消费，推进我国旅游经济的发展。英国在工业化进程中，制订了相应的方案和政策，促进了以产品为中心的工业社会向以服务为中心的后工业社会的转型。可以大胆地预测，在众多政策中，实施旅游经济发展战略能起到较好的成效。

为此，需要彻底改变长期以来对旅游业认识上的偏差，清理过去一些限制性的消费政策及一系列歧视和限制旅游业发展的政策法规，明确旅游业作为我国的优势产业地位，实施旅游经济发展战略，全面建设世界旅游强国。

2. 充分发挥国内旅游拉动内需的作用

2001 年年末中央经济工作会议明确提出了"扩大内需是一个需要长期坚持的战略方针"。扩大国内需求，进一步形成消费和投资的双重拉动是在当前严峻的国际经济形势下，实现经济较快增长的根本之策。旅游业具有一业兴百业旺的特点，包含行、游、住、食、购、娱六要素，旅游消费不仅与交通、住宿、餐饮、商业、景区（点）等行业直接相关，还与工业、农业、信息、金融、保险、医疗、咨询、环保等产业关联，其直接和间接影响的细分行业多达 100 余个，因此其拉动经济的作用十分明显。相对于住房、汽车等消费水平，旅游消费涵盖的价格区间从几元钱的旅游纪念品至上万元乃至数万元的旅游线路，产品的可生产性极强，可消费性也极强。2010 年，我国居民国内旅游消费达到 12 580 亿元，占居民消费总支出的 9.4%。

因此，在发展入境旅游的同时，要把国内旅游放到更重要的位置，推动国内旅游向广度和深度发展。要进一步加大宣传力度，积极引导国内旅游消费，推行带薪休假制度。要积极指导旅游新产品的规划和开发，积极探索新的经营方式，不断提高服务质量，维护消费者的正当权益。

3. 积极促进经济结构的调整

旅游业是一个产业关联度比较大的产业，有利于带动相关产业的发展和经济结构的升级。旅游业是现代服务业的重要内容，服务业是国民经济的重要组成部分，其发展水平是衡量经济现代化和综合国力的基本指标，其发展状况预示了经济结构和产业结构演变的方向。进一步加快发展旅游业对于保持整个服务业的增长速度，提高其在国民经济中的比重，至关重要。应将旅游业作为服务业的核心产业和牵动产业，破除各种思想障碍，进一步扩大产业面、拉长产业链、形成产业群。

加快发展旅游业是国民经济产业结构调整的重要方面之一。要把发展旅游业自觉地融入宏观经济结构调整，在促进其他产业结构调整中培育旅游业自身发展的增长点。要加强旅游业与第一产业、第二产业及第三产业其他门类的结合，大力发展工业旅游、农业旅游、科教旅游、商务旅游、会展旅游和都市旅游。对于一些发展旅游条件比较好的老工业基地和资源型城市，在经济转型中可以把旅游业作为接续产业来发展，这方面做得很成功的城市有焦作市等。对于一些老的工业企业，可以通过发展工业旅游，安置下岗员工、提高资源的综合利用率、宣传企业产品与形象、扩大影响和增强员工的荣誉感等；对于一些原来依托森林砍伐、种植业和畜牧业的地区来说，自国家开始实施"天然林禁伐"、"退耕还林"和"退牧还草"措施后，经济发展需要找到新的出路，发展生态旅游是一个不错的替代选择；农村可以通过发展农业旅游，增加农民收入、提高农产品附加值、强化城乡居民的交流、开阔农民眼界等，这对于解决三农问题也能起到一定的作用；旅游业发展也能为其他服务业发展提供更大的新市场和空间，如商贸流通、交通运输等传统服务业，以及信息、金融、咨询等现代服务业。总之，旅游业可以为"加强第一产业，提高第二产业"服务，也可以联动第三产业。因此，应尽快出台《国家旅游产业政策》，将扶持旅游产业的方针政策予以明确。同时，政府要多渠道增加投入，加大对旅游业的导向性投入，加强旅游基础设施建设，重视旅游资源保护，积极支持旅游业进入资本市场融资，进一步加大对外开放力度，加强部门之间的协作等。

6.2.5　拓展旅游业就业空间，促进旅游业就业

1. 借助国家发展战略，拓展旅游业就业空间

借助国家区域经济发展战略，拓展各地区旅游就业空间，在不同区域致力于不同旅游业态的发展，促进就业。旅游业的发展离不开国家区域发展战略的引导。由于历史原因，我国东部、西部地区经济发展不均衡的特点也表现在旅游经济中，东部沿海地区因独特的地理优势，在中国经济发展历史上承担了急先锋的角色，进而带动了本区域旅游经济与就业的先行发展，而东北及中部、西部地区无论是在旅游经济的发展还是在旅游就业方面都落后于东部地区。

当前，我国经济发展及区域开发已由重在"部分地区部分领域改革开放的探索"转向重在"追求全社会经济的协调发展"，各区域应当结合自己的资源特色，有重点地发展不同的旅游产业，以实现不同的就业目标。

例如，东部沿海地区应当在国家深化改革开放的宏观背景下，在自身悠久的旅游发展历史基础上，着力提升旅游从业人员的素质，在城市休闲化发展中衍生就业，并进一步扩大出游市场以带动旅行代理就业。

东北老工业基地则应在国家实施振兴战略的背景下，依托自身的优势资源，结合旅游营销工作，实现产业转型，以旅游业的发展带动就业。

中部、西部地区，尤其是西部一些经济落后但旅游资源先天丰富的地区，应当在国家"中部崛起"及"西部大开发"等宏观政策的大力支持下，凭借自身独特的旅游资源优势，着重开发一些特色旅游项目，如生态旅游、探险旅游，并借助旅游景区的开发促进家庭旅馆或民宿业的发展，以各种灵活的就业方式，提高旅游就业的绝对数量。

2. 大力发展乡村旅游，为农村旅游就业提供广阔的空间

乡村旅游是指以农业资源为依托而萌发出来的一种特殊旅游活动项目，主要包括：农村独特的田园风光和人文景观；与农、林、牧、副、渔各产业相结合的一些参与性较强的农事劳动与活动；农村特有的一些民俗和风土人情。

农村劳动力过剩是个大问题，发展乡村旅游不仅能够丰富旅游活动方式，而且能够带动农业产业结构的调整和农民增收致富，促进农村经济与社会的发展，尤其在解决本地农民就地就业、减轻城镇就业压力方面有突出功能。

旅游业属于劳动密集型行业。随着旅游业的快速发展，我国旅游业直接和间接提供的就业岗位将越来越多。而乡村旅游是中国旅游业发展的后劲所在，由旅游投资所带来的农村就业人数增加比城镇更为明显。大力发展乡村旅游能够就地转移大量农村富余劳动力，这对构建和谐社会，促进社会主义新农村建设有重大

意义。

　　旅游业是劳动密集型产业，对于弱势群体的就业有着很好的包容性，许多工作农民只需短期培训后即可胜任，对于文化水平相对较低的农民就业提供了有效途径，发展乡村旅游可以促进农村剩余劳动力的就地转移。2008 年受金融危机影响，我国出现了农民工因失业而大量返乡的状况。在这种情况下，有条件的地区与政府应当进一步挖掘乡村旅游促进就业的空间，以乡村旅游的发展带动回乡农民工及农村剩余劳动力的就业。

6.2.6　重点优先发展国内旅游业

　　旅游业的发展重点应该放在国内旅游上。我国旅游业是典型的消费依赖性行业，国内旅游收入占总收入的 80%左右，发展国内旅游非常重要。首先，2008 年国际金融危机对实体经济的冲击还没有结束。欧美等发达国家和地区明显受到国际金融危机的冲击，我国旅游业发展的外部环境相较之前，仍然比较严峻，这种状况下，国内旅游更加凸显其显著的经济意义。其次，国内旅游人口基数较大，同时 30 余年来我国经济快速发展，人民收入持续增加，国内旅游者数量持续增加。大规模的国内旅游推进了我国的消费规模，成为拉动内需的重要力量。最后，大规模的国内旅游客流在促进就业、加速货币流通、推进地区经济发展、平衡地区差异等方面有重要的作用。

　　今后一个时期，旅游市场开发应以国内旅游业为重点，将国内旅游统计及抽样调查工作纳入专项任务，进一步完善国内旅游统计指标体系，丰富国内旅游统计年鉴和抽样调查报告内容。应制定实施《国民旅游休闲纲要》，形成更加稳固的国民经济休闲发展基础，逐步落实带薪休假制度，国内旅游主体市场仍应该放在长三角地区、泛珠三角地区和环渤海地区三大经济区，同时，应该通过政策优惠和促销补贴的方式来开发东部地区二线、三线城市，中西部城市群及农村旅游市场等新兴市场。

　　长久以来，我国旅游业注重发展入境旅游以获得更多的旅游外汇收入，旅游业的服务意识、服务技能、服务设施等都是以最大限度地满足入境旅游者的需要为出发点。因此，很多方面均忽略了国内旅游者的需求。鉴于新时期国内旅游重要的经济功能，有必要采取措施形成持续稳定增长的国内旅游流。

　　发达国家旅游业的发展，一般都采取了国内旅游优先发展的政策。目前，已经基本形成可以借鉴的方法与模式，如法国的"旅游质量品牌计划"与美国的"市场机制主导的旅游业发展模式"等。结合中国的实际国情，并借鉴发达国家的先进经验和模式，促进中国国内旅游发展，满足国内旅游者需要，可以从两个方面考虑。第一个方面，宏观层面的措施如下：①确定国内旅游发展的战略地位。②注重市场机制在国内旅游发展中的重要调节作用。③实施有效的国内法定节假日制度，形成全民旅游的氛围。第二个方面，微观层面的措施如下：①完善中国的旅游营销网络，将传统营销模式与现代网络营销模式相结合。②加强国内旅游推介，通过国内旅游博览会促进区域旅游信息、旅游市场交流。③逐步完善适应国内旅游者需要的各类旅游设施，尤其是调整旅游饭店等级结构、客房等级结构的比例关系。④创新旅游产品。新的历史时期，中国国内旅游市场不断分化，不同市场类型的偏好各不相同，尤其是不同年龄、文化层次旅游者的旅游需求差异显著，因此，必须进行旅游产品的创新，实现旅游与休闲相结合。⑤规范旅游市场，提高旅游服务品质。从旅游投诉的内容与类型可以看到，国内旅游的投诉高于入境旅游的投诉。旅行社、旅游饭店等对国内旅游者和入境旅游者在提供旅游服务上存在差别，有必要不断扭转旅游服务行业的这种服务待遇差异。

6.2.7　改善宏观调控，加强旅游产业发展

旅游业与国民经济中许多行业和部门联系紧密，旅游经济活动的顺利开展必须得到其他部门和行业的支持和配合；同时，旅游产品和服务又是由多个旅游部门和企业共同完成的，客观上也需要这些部门和企业达到最优化的配合。因此，要提供旅游业的宏观经济效应，就应要求国家不断改善和加强宏观调控，对旅游产业的发展做出统一、科学合理的规划，制定和完善旅游产业政策，充分利用和发挥经济、行政、法律等调控手段，调动社会各个方面的积极性，促进整个旅游产业发展。

由于我国现代旅游业起步较晚，基础薄弱，因此为了促进旅游业适度超前发展，不断提高宏观经济效应，在完善旅游产业政策的同时，必须从以下几个方面着手努力：一是要确立和完善旅游产业结构政策，明确旅游产业政策的发展重点及优先顺序，制定保证实现旅游产业发展重点的政策措施；二是制定旅游产业布局政策，运用区域经济理论推动旅游资源区域开发，并从空间上对旅游业及其产业结构进行科学、合理布局；三是健全旅游产业组织政策，建立反对垄断、促进竞争的政策和机制，推动旅游产业的规模化经营，实现优胜劣汰；四是倡导旅游产业技术政策，强化现代科学技术进步对旅游发展的促进意义，制定推动旅游业科技进步的政策和具体措施，促进旅游科技含量的不断提升。

在旅游相关产业发展方面，可以从发展与旅游业联系比较紧密的产业，如住宿业、餐饮业、交通运输业、居民服务业等方面入手，具体如下。

（1）以运输业为重点，制定旅游交通政策。政府主导，交通、铁路、邮电等部门将旅游专用公路、旅游专列等列入各自的发展计划，予以优先扶持和安排。

旅游车队更新车辆实行税赋减免。对进口大型旅游汽车适当减免关税。旅游汽车更新报废的标准，应根据车辆的具体情况决定。对旅游企业购买汽车给予优惠条件。铁路客运要与旅行社密切配合，在旅游旺季开展专列业务，对旅行社实行票价折扣优惠。

（2）壮大支柱产业，推进产业结构升级，努力形成新的产业优势，制定一系列的产业政策，具体措施如下：鼓励多种所有制、多种经济成分参与开发旅游业，创造多种旅游经济成分平等、有序竞争的经营环境，激发各类旅游企业的活力；组建跨地区、跨部门、跨行业、跨所有制的大型旅游集团，如对旅游企业实行股份制改造，以现有骨干企业为龙头，通过改组、改造、控股、参股、合资、租赁、承包、兼并、收购、股份合作等形式，推动存量资产优化组合，营造规模经济优势，实施大企业、大集团战略。大型旅游集团要扩大经营功能，涵盖旅游业的六要素，提供一条龙服务；扶持中小旅游企业向经营专业化、市场细分化、服务个性化方向发展，同大型旅游集团建立网络协作关系，提高旅游经营服务的社会化水平；引导工商大型企业参与开发旅游业，鼓励民营企业及私营企业经营旅游业。

（3）以科技服务于旅游业，开发出有特色的旅游项目，制定科技旅游政策，树立"科技兴旅"的思想，加大科技在旅游业的应用程度，提高旅游开发的科技内涵。在旅游全行业提倡采用国际标准和国外先进标准，支持引进和消化国外的先进技术，提高旅游设施科技属性和产业技术，鼓励和支持对先进技术的消化吸收和创新，促进适用新技术的开发，不断挖掘传统技术，并且对其进行保护和创新。

6.2.8　加大投资力度，加强基础设施建设

加强基础设施建设，为旅游产业发展提供有力保障。旅游产业的发展需要其他产业提供投入，特别需要运输业、餐饮业和住宿业等基础性行业的发展来为旅游业的发展提供支撑和保障。因此，需要加强基础设施的建设，改善旅游业发展的硬环境；同时，需要改善旅游业发展的软环境，规范旅游业市场秩序，培养旅游业专业人才，特别是外向型人才的培养。

充分发挥和挖掘旅游产业在出口创汇、增加就业和促进区域经济发展方面的潜力，就必须保持基础设施建设在旅游产业发展中的重要地位。高质量的基础设施有助于旅游产品多元化、消除旅游产业发展瓶颈和保证旅游服务质量。虽然我国目前正将大量的资金用于基础设施建设，如修建联系各省的公路体系、新增铁路网、新建民航机场、改善城市卫生状况、处理"三废"污染及改善医疗卫生条件等，但是由于我国工业化起步较晚，国民经济整体配套基础设施不完善。目前，

我国基础设施状况仍不能满足旅游产业蓬勃发展的现状。因此，国家和地方各级部门还应继续加大对基础设施的投入，重点加强对偏远农村和老少边穷地区的基础设施建设，提高偏远山区旅游景区、景点的可进入性。

加强国内旅游业基础设施和服务设施建设可借助当前扩大内需、增加投资的机会，把旅游基础设施建设作为投资的重要方面，有计划地加强旅游区的基础设施建设。首先，要筹集更多资金投入基础设施建设中，既需要政府部门尽力增加投入，也需要在民间筹集资金，如融资、发行债券、利用外资等，从而为基础设施和服务设施建设做好先决条件。其次，从以下方面加强建设：加强交通投资，解决瓶颈制约，把旅游交通与一般性交通区别开，让旅游交通独立经营；制定旅游景点发展战略，总体规划开发步骤和实施方案，做好旅游市场的信息预测、宣传广告及可行性研究的分析工作，以克服规划建设和经营管理的盲目性；加强对国内旅游业的理论研究，统一国内旅游业的统计口径，加强预测工作。

6.3　本章小结

在以投入产出表为基础分析旅游业的收入效应、就业效应和产业关联及其他效应的基础上，结合中国旅游业发展的现状，对中国旅游业经济发展进行思考，主要包括以下八个方面：①旅游业产业定位，即如何认识旅游业战略性支柱产业的定位。②旅游业在国民经济中的地位。2007 年旅游业增加值占国内生产总值的百分比为 1.99%，旅游业并非国民经济发展的支柱产业。③国内旅游业应该占据主要地位。国内旅游的发展已经占据整个旅游发展的 80%。④对旅游业发展速度的思考，即旅游业发展的绝对速度加快，但相对速度几乎保持不变。⑤旅游业的发展乘数。⑥旅游业对内需的拉动能力，种种数据分析业已表明旅游业是拉动内需的主要手段。⑦旅游业的基本消费和非基本消费比例失调，即"食、住、行"等基本消费占较大比例，"游、购、娱"等非基本消费只占很小比例。⑧旅游业推动国民经济发展。国民经济的发展不会对旅游业的发展有较大的推动，但旅游业的发展却会极大地拉动国民经济的发展。"焦作模式"和"栾川模式"都是很好的佐证。

与此同时，提出了八个方面的对策：①主动出击发展旅游业——树立主动出击的思维观念，摒弃传统的"坐、等、靠"的发展思路。主动发展旅游业来推动国民经济的发展，而不是等国民经济发展后再来考虑旅游业的发展。②发挥旅游业对内需的拉动作用——充分重视和发挥旅游业对住宿业和旅行社业在拉动内需方面的作用。③改进旅游消费结构，促进旅游消费——提高旅游产品质量，加强产品创新；提高居民的收入水平及可自由支配的收入；形成利于经济发展的消费观念。④发挥旅游业对国民经济的拉动作用——主要从三个方面入手，即实施旅游经济发展战略，积极促进经济结构的调整，充分发挥国内旅游拉动内需的作用。⑤有效促进旅游业就业——在不同区域致力于不同旅游业态的发展，促进就业；乡村旅游是中国旅游业发展的后劲所在，发展乡村旅游业促进乡村就业。⑥重点发展国内旅游业——从宏观层面和微观层面同时入手发展国内旅游业。⑦加强旅游业产业发展——加强运输业的发展，多种方式发展旅游业，以科技服务于旅游业。⑧加强基础设施建设——加强交通投资，加强饭店、景区（点）的投资。

第 7 章　研究的结论与展望

旅游活动的大众化和旅游业的迅速发展，使旅游经济成为世界经济的一个重要部分。旅游经济像其他部门经济一样，正在积极参与所有旅游目的地社会经济活动的运行。由于旅游活动是一项涉及范围非常广泛的社会经济活动，与整个国民经济和人民生活有着千丝万缕的经济联系，因此它的运行必然会对旅游目的地经济产生各种效应。

7.1　主要结论

本书分别从收入效应、就业效应和产业关联及其他效应三个方面，利用旅游乘数和投入产出模型探讨和测算了中国旅游业经济效应。具体的结论如下。

1. 旅游业收入效应分析

1）旅游业产出乘数的测算

我国旅游管理部门和部分旅游学者多年来一直沿用 WTTC 报告的旅游业产出乘数，为 4.3。本书以《2007 年中国投入产出表》和《2002 年中国投入产出表》为基础，从相关产业中剥离出旅游业，测算旅游业 2007 年和 2002 年的直接产出、间接产出和诱导产出，从而测算旅游业的产出乘数。2007 年旅游业产出乘数为 3.15，即旅游业每增加 1 元的产出，将带来总产出增加 3.15 元。2002 年的产出乘数为 2.77。旅游业并非独立产业，其产业关联性非常强，考虑 135 个关联产业，用剥离方法和完全消耗系数计算旅游乘数更为科学合理。

另外，乘数并不是旅游业特有的，任何一项经济活动都有乘数效应。乘数效应是经济活动的普遍性，并非旅游业的特殊性。并且，旅游业产出乘数并不是固定不变的，它是随着时间的变化而变化的，是一个动态的数值。2002 年测算的旅游产出乘数是 2.77，2007 年测算的旅游产出乘数是 3.15。

2）关于旅游业对国民经济影响计算标准的思考

通常用旅游收入占国内生产总值的百分之几来表示旅游业对国民经济的贡献。2007 年的旅游收入/GDP=4.39%。国内生产总值是各产业的增加值，而旅游收入属于总产值，不应该用旅游收入占国内生产总值的比重说明旅游业在国民经济中的地位，应用旅游业总产出增加值（直接+间接+诱导）代之。

根据《2007 年中国投入产出表》和《2002 年中国投入产出表》考虑旅游业和135（122）个产业的关联，测算得到 2007 年的旅游直接产出增加值/GDP=1.99%；旅游间接产出增加值/GDP=3.6%；旅游诱导产出增加值/GDP=0.47%。2002 年的旅游直接产出增加值/GDP=2.25%；旅游间接产出增加值/GDP=3.41%；旅游诱导产出增加值/GDP=0.69%。以 2007 年为例，用直接产出增加值测算的 1.99%比4.39%小了一半，说明传统方法测算夸大了旅游直接产出（旅游收入）对国民经济的贡献。

3）旅游业对税收和居民收入影响的测算

无论是 2002 年还是 2007 年旅游业的生产税净额所占总生产税净额的比例都比较大，说明旅游业的税收贡献较大。但是 2007 年的旅游业生产税净额总值为 2 219.64亿元，占总生产税净额的 5.76%，比 2002 年的旅游业生产税净额总值 3 449.89 亿元，占总生产税净额的 5.85%要小，说明从绝对值和相对值上来讲，旅游业对税收的贡献均有所下降。分析原因可能是，2000 年开始的黄金周，使国内旅游在假日期间出现"井喷"现象，这种效应会直接放大到 2002 年，带来 2002 年旅游经济的飞速发展。但随着时间推移，这种效应依然存在，只是威力会稍稍减退，且趋于平稳。

无论是 2002 年还是 2007 年旅游业的劳动报酬占总报酬的比例都比较大。但是 2007 年的旅游业劳动报酬总值为 5 316.60 亿元，占总报酬的 4.83%，与 2002年的旅游业劳动报酬总值 3 156.03 亿元，占总报酬的 5.35%相比，总值有所上升，但是相对值比例（所占总报酬的百分比）下降。这可能是因为随着时间推移，经济发展，物价上涨，人们的工资水平有了普遍的提升，故 2007 年旅游业劳动报酬总值有所上升；相对比值下降可能是因为 2000 年开始的黄金周，使国内旅游在假日期间出现"井喷"现象，这种刺激会直接带来 2002 年旅游业的飞速发展。

2. 旅游业就业效应分析

（1）2002 年中国旅游业提供直接旅游就业机会为 296.34 万人，间接提供就业机会为 434.71 万人，诱导就业机会为 89.40 万人，分别占总就业人数（10 557.7万人）的 2.81%、4.17%、0.85%；2007 年中国旅游业提供直接旅游就业机会为 320.49万人，间接提供就业机会为 586.43 万人，诱导就业机会为 102.28 万人，分别占总就业人数（12 024.4 万人）的 2.67%、4.86%、0.85%。无论 2002 年还是 2007 年的旅游业间接旅游就业人数都是直接旅游就业的 2 倍以上，这说明旅游业间接就业效应十分显著。无论 2002 年还是 2007 年，旅游业诱导就业效应并不十分明显。

（2）2002 年的旅游就业乘数是 1.77，说明旅游业间接和诱导就业是直接就业的 1.77 倍，即每产生直接旅游就业 1 人，带来旅游业相关行业就业 1.77 人。2002

年，我国旅游业综合就业人数占全国总就业人数的 7.83%。2007 年的旅游就业乘数是 2.15，说明旅游业间接和诱导就业是直接就业的 2.15 倍，即每产生直接旅游就业 1 人，带来旅游业相关行业就业 2.15 人。我国旅游综合就业人数占全国总就业人数的 8.38%。这也表明，旅游业的就业效应较为突出，对促进劳动力就业起到了重要作用。

（3）旅游业整体就业结构偏离度接近 0，说明整体行业吸纳劳动力的潜力已得到发挥，劳动力转入的可能性已很小。但是，由 2002 年的大于 0 到 2007 年的小于 0，说明随着旅游业的发展，其整体就业吸纳劳动力的潜力有所增加。

3. 旅游业产业关联及其他效应分析

（1）旅游业有较高的直接消耗系数和完全消耗系数。旅游业的后向关联度比较高，前向关联度比较低，旅游业的后向关联大于前向关联，说明旅游业对上游产业的拉动能力较强。旅游业对运输业、餐饮业和住宿业的直接消耗系数和完全消耗系数都比较大，说明我国旅游业对运输业、餐饮业和住宿业的依赖程度和拉动作用都比较大。旅游业在很大程度上依赖这三个行业的发展。

（2）不管是 2007 年的数据，还是 2002 年的数据都显示，旅游业的影响力系数大于感应度系数，说明旅游业对整个国民经济的推动作用要大于其本身受到国民经济发展后的拉动作用，这与大多数已有文献的研究结果基本一致。并且从时间上看，旅游业对国民经济发展的推动作用较强并在逐步提高，而国民经济发展对旅游业发展的拉动作用较小并呈下降趋势。

（3）旅游业具有综合中间需求率小和中间投入率大的特征。这说明旅游业属于最终需求型产业。它的中间需求率比较小，意味着它的产品用做国民经济各产业部门的生产要素的比重较小，属于最终产品主导型产业，因此其销售市场主要属于消费市场。同时，它的中间投入率较大，说明它在很大程度上需要其他产业的产品作为中间投入的生产要素，因此在国民经济中属于后续产业，与先行产业的产业关联性较强。旅游业的发展，会拉动其先行产业相关部门的发展。

（4）从综合关联系数来看，2002 年旅游业在 11 个行业中排在第 11 位；2007 年排名上升到第 8 位。尽管 2007 年的系数大于 2002 年的系数，旅游业在整个经济中的影响能力在提高，但是应当看到，旅游业在整个经济中的综合影响力还是比较低。

（5）旅游业的劳动报酬系数较大，说明旅游业是劳动力密集型产业，对就业的带动作用相对较强。比较 2002 年和 2007 年的劳动报酬系数可发现，很多行业的劳动报酬系数，不管是直接劳动报酬系数，还是完全劳动报酬系数都在下降，而旅游业的劳动报酬系数则在提高。旅游业直接劳动报酬系数和完全劳动报酬系数的提高均说明了劳动投入在旅游业总投入中比重的增加，这也从另一方面显示了越发展旅游业，就越能改善社会的就业状况。

（6）对于消费效应而言，与其他行业部门相比较，2002年和2007年旅游业的最终消费系数都处于较高水平。这说明旅游业总产出中大部分用于消费，大力发展旅游业是刺激消费需求的重要手段，并且发展旅游业能够提高消费率，改善消费和储蓄之间的比例关系。旅游业提供的产品主要用于消费，进行旅游消费的人群基本上都是高收入群体，而对高收入群体来说，基本消费已经满足，很难有提升的空间。因此，发展旅游业能够提升高收入群体的消费水平，从而提高整个经济社会的消费率。

（7）旅游业的出口系数较低说明中国的旅游服务虽对国外游客具有一定的吸引力，但国内旅游消费占据主导地位，其系数下降表明国内旅游消费主导地位的上升。

4. 问题思考和对策研究

在以投入产出表为基础分析旅游业的收入效应、就业效应和产业关联及其他效应的基础上，结合中国旅游业发展的现状，对中国旅游业的发展进行思考，主要包括以下八个方面：①旅游业产业定位，即如何认识旅游业战略性支柱产业的定位。②旅游业在国民经济中的地位。2007年旅游业增加值占国内生产总值的百分比为1.99%，旅游业并非国民经济发展的支柱产业。③国内旅游业应该占据主要地位。国内旅游的发展已经占据整个旅游发展的80%。④对旅游业发展速度的思考——旅游业发展的绝对速度加快，但相对速度几乎保持不变。⑤旅游业的发展乘数。⑥旅游业对内需的拉动能力——种种数据分析业已表明旅游业是拉动内需的主要手段。⑦旅游业的基本消费和非基本消费比例失调——"食、住、行"等基本消费占了较大比例，"游、购、娱"等非基本消费只占很小比例。⑧旅游业推动国民经济发展——国民经济的发展不会对旅游业的发展有较大的推动，但旅游业的发展却会极大地拉动国民经济的发展，如"焦作模式"和"栾川模式"都是很好的佐证。

本书从八个方面提出了对策：①主动出击发展旅游业，即树立主动出击的思维观念，摒弃传统的"坐、等、靠"的发展思路。主动发展旅游业来推动国民经济的发展，而不是等国民经济发展后再来考虑旅游业的发展。②发挥旅游业对内需的拉动作用，即充分重视和发挥旅游业对住宿业和旅行社业在拉动内需方面的作用。③改进旅游消费结构，促进旅游消费；提高旅游产品质量，加强产品创新；提高居民的收入水平及可自由支配的收入，即形成利于经济发展的消费观念。④发挥旅游业对国民经济的拉动作用，即主要从三个方面入手——实施旅游经济发展战略；积极促进经济结构的调整；充分发挥国内旅游拉动内需的作用。⑤有效促进旅游业就业，即在不同区域致力于不同旅游业态的发展，促进就业；乡村旅游是中国旅游业发展的后劲所在，发展乡村旅游业促进乡村就业。⑥重点发展国内旅游业，即从宏观层面和微观层面同时入手发展国内旅游业。⑦加强旅游业产业发展，即加强运输业的发展；多种方式发展旅游业；以科技服务于旅游业。⑧加强基础设施建设，即加强交通投资；加强饭店、景区（点）的投资。

7.2　进一步研究的方向

本书的研究虽然取得了初步的成绩，但依然任重道远，尚有许多有待进一步深入进行的研究工作，具体如下。

（1）由于只能获取 2002 年和 2007 年的投入产出数据，所以旅游经济效应的投入产出分析结果只能说明 2002 年及 2007 年的旅游业的产出乘数、就业乘数、投入结构和产出结构等。虽然投入产出关系具有一定的稳定性，但是仍然不能准确地反映当前旅游经济投入产出情况。因此，需要有一种较好的方法，进行投入产出变化趋势的研究，能够利用相对更新较慢的投入产出数据对未来旅游经济效应做出更加准确的分析。

（2）可以进一步进行不同地区的旅游经济效应研究。本书虽然对整个中国的旅游经济效应进行了分析，但是由于各个地方的经济发展不均衡，旅游业发展也不均衡，因此各个地方的旅游业对当地的经济发展之间的关系可能都具有一定的地方特性。我国有 31 个省（自治区、直辖市，不包括港澳台地区），可以对不同的区域做旅游业的经济效应分析，也可以做此 31 个区域的旅游经济效应的比较分析。

（3）本书运用旅游乘数、投入产出模型对中国旅游业经济效应进行了测算和分析，但是旅游业经济效应的衡量体系的建立仍然有待完善，即需要将旅游业经济效应的测度方法和测度指标进行统一标准化，这样便于横向和纵向比较不同区域、不同时期的旅游业经济效应，从而也能更好地为旅游业发展决策提供依据。

（4）本书做产业关联分析时以狭义的旅游业为分析对象，即将旅游业限定为旅行社业。广义的旅游业与其他部门交叉，故分析产业关联和波及效应以狭义旅游业口径为宜。狭义的旅游业在一定程度上能反映旅游业产业关联效应，但旅行社业显然不能代替旅游业。要想在 135（122）部门中剥离出旅游业并非易事，本书对广义旅游业的剥离进行了相关的尝试，可在以后的工作中用本书已经剥离出来的广义旅游业做相关产业关联及波及分析，并将广义旅游业与狭义旅游业的产业关联效应进行对比研究。

总之，旅游业经济效应需要不断探索和研究的领域还十分广阔。本书只是抛砖引玉，希望能引起更多学者和专家的关注，不断完善相关理论，从而丰富和完善旅游业经济效应研究的体系，能够为中国旅游业经济发展做出贡献。

参 考 文 献

白斌飞, 彭莉莎. 2007. 基于投入产出法的四川省旅游业的产业波及效应分析 [J]. 成都信息工程学院学报, 22 (3): 403-406.

波特 M. 国家竞争优势 [M]. 2002. 李明轩, 邱如美译. 北京: 华夏出版社.

岑先梅. 2008. 中国经济圈旅游乘数对比实证研究——兼议广西旅游发展战略 [J]. 国土资源科技管理, 16 (4): 112-116.

常莉, 康蓉, 李树民. 2005. 世界旅游组织与我国旅游统计体系的比较 [J]. 统计研究, (7): 24-27.

陈斐, 张清正. 2009. 地区旅游业发展的经济效应分析——以江西省为例 [J]. 经济地理, (9): 64-68.

陈佳平. 2009. 旅游业影响国民经济的关联分析 [J]. 中州学刊, (5): 271-272.

陈金花, 吕敏, 李翔宇. 2008. 旅游业对地方经济的影响分析 [J]. 老区建设, 20 (7): 10-11.

陈静, 王丽华. 2009. 旅游经济影响研究回顾与展望 [J]. 旅游论坛, 30 (2): 264-269.

陈亮. 2004. 旅游视角下的上海 F1 大奖赛 [J]. 旅游科学, 23 (3): 52-56.

陈宁. 2007. 辽宁省旅游经济效应分析及对策研究 [D]. 东北财经大学硕士学位论文.

成伟光, 李志刚, 简王华. 2005. 论旅游产业核心竞争力 [J]. 人文地理, 20 (1): 53-56.

楚义芳. 1992. 旅游的空间经济分析 [M]. 西安: 陕西人民出版社.

崔峰, 包娟. 2010. 浙江省旅游产业关联与产业波及效应分析 [J]. 旅游学刊, 25 (3): 13-20.

戴斌. 1998. 论国际旅游经济的演进与发展 [J]. 桂林旅游高等专科学校学报, 9 (3): 5-8.

戴斌, 束菊萍. 2005. 旅游产业关联: 分析框架与北京的实证研究 [J]. 北京第二外国语学院学报, 22 (5): 7-15.

戴斌, 等. 2006. 论北京旅游产业安全与成长要素 [M]. 北京: 旅游教育出版社.

杜在娟. 2011. 旅游产业关联与波及效应的国际比较 [J]. 山东工商学院学报, 25 (4): 54-58.

高鸿业. 2007. 西方经济学 [M]. 北京: 中国人民大学出版社.

高舜礼. 2007. 对旅游产业范围与地位问题的思考 [J]. 旅游学刊, 22 (11): 6-7.

葛盛荣. 2011. 昆明旅游卫星账户 (2008) 的构建和实证分析 [D]. 云南财经大学硕士学位论文.

葛宇菁. 2007. 旅游卫星账户的发展与方法研究 [J]. 旅游学刊, 22 (7): 11-18.

顾筱和, 黄郁成. 2006. 试论乡村旅游的经济影响 [J]. 广西社会科学, (2): 52-54.

郭丽. 2008. 中国旅游卫星账户的建立 [J]. 辽宁经济, (7): 48-50.

郭庆松. 2004. 中国城乡就业发展战略研究 [M]. 上海: 上海人民出版社.

郭伟, 张丽峰, 汲学俭. 2003. 省际旅游经济效益的聚类分析 [J]. 技术经济, (2): 60-61.

韩健民, 魏小安. 2003. 旅游强国之路: 中国旅游产业政策体系研究 [M]. 北京: 中国旅游出版社.

郝志敏, 王琪延. 2006. 旅游 GDP 核算研究——以 2004 年北京市为例 [J]. 统计与决策, (2): 16-18.

侯宇鹏, 鞠晓峰, 段志刚. 2008. 基于 CGE 模型方法的大型体育活动对经济的影响研究 [J]. 中国软科学, 34 (6): 145-149.

靳英华. 2001. 我国双重转变过程中的就业问题研究 [M]. 天津: 天津人民出版社.

康蓉. 2005. 加拿大旅游卫星账户的编制［J］. 中国统计,（11）: 40-41.

康蓉. 2006a. 论旅游卫星账户对发展旅游业的促进作用［J］. 商业时代, 33（11）: 81-83.

康蓉. 2006b. 旅游卫星帐户及旅游业增加值的测算［J］. 商业时代, 33（5）: 78-80.

康蓉. 2006c. 旅游卫星账户与中国旅游经济测度研究［D］. 西北大学硕士学位论文.

匡林. 1996. 关于旅游乘数理论的几个问题［J］. 华侨大学学报（社会科学版）,（3）: 39-43.

劳动和社会保障部劳动科学研究所. 2003. 中国就业报告［M］. 北京: 中国劳动社会保障出版社.

冷冰冰. 2006. 重庆旅游业经济效应分析及对策研究［D］. 重庆师范大学硕士学位论文.

黎洁. 2007a. 旅游卫星帐户与旅游业的产出核算［J］. 统计与决策（2）: 13-15.

黎洁. 2007b. 旅游卫星账户与旅游统计制度研究［M］. 北京: 中国旅游出版社.

黎洁, 连传鹏. 2009. 基于投入产出表和社会核算矩阵的 2002 年江苏旅游乘数的比较研究［J］.
　　旅游学刊,（3）: 30-35.

李红艳. 2005. 构建国家及区域性旅游卫星账户［J］. 合作经济与科技,（22）: 28-29.

李江帆, 李美云. 1999. 旅游产业与旅游增加值的测算［J］. 旅游学刊, 17（5）: 16-19.

李江帆, 李冠霖, 江波. 2001. 旅游业的产业关联和产业波及分析——以广东为例［J］. 旅游学
　　刊, 16（3）: 19-25.

李杰, 寸无旷. 2011. 国外汇储备增长的乘数效应: 一个简单的两国模型［J］. 中央财经大学学
　　报,（12）: 23-29.

李磊. 2009. 旅游产业的阶段效应研究［D］. 辽宁师范大学硕士学位论文.

李天元. 2003. 旅游学概论［M］. 天津: 南开大学出版社.

李向明. 2007. 后奥运旅游效应与应对策略［J］. 旅游学刊, 28（7）: 7-8.

李兴绪, 牟怡楠. 2004. 旅游产业对云南经济增长的贡献分析［J］. 城市问题, 19（3）: 43-45.

李悦, 李平, 孔令丞. 2008. 产业经济学［M］. 北京: 中国人民大学出版社.

李志青. 2001. 旅游业产出贡献的经济分析——上海市旅游业的产出贡献和乘数效应［J］. 上海
　　经济研究,（12）: 66-69.

李仲广. 2006. 旅游经济学: 模型与方法［M］. 北京: 中国旅游出版社.

厉新建, 可妍. 2006. 国外旅游就业研究综述［J］. 北京第二外国语学院学报,（1）: 32-37.

厉新建, 张辉, 厉新权. 2006. 旅游经济学［M］. 北京: 中国人民大学出版社.

利克里 L J, 詹金斯 C L. 2002. 旅游学通论［M］. 程尽能, 等译. 北京: 中国旅游出版社.

林刚, 龙雄彪. 2000. 桂林旅游业对国民经济贡献的测算［J］. 桂林旅游高等专科学校学报,（3）:
　　16-17.

林南枝, 陶汉军. 1986. 旅游经济学［M］. 上海: 上海人民出版社.

刘嗣明. 2003. 成因与对策——中国经济需求不足问题研究［J］. 消费经济,（3）: 26-29.

刘亭立, 王诚庆. 2011. 重大节事的经济效应实证研究——以北京奥运会的市场反应为切入点
　　［J］. 旅游学刊, 26（5）: 84-89.

刘晓红, 李国平. 2005. 旅游业对区域经济增长的溢出效应研究——关于西安市的实证分析［J］.
　　江西财经大学学报,（3）: 57-60.

刘晓欣, 胡晓, 周弘. 2011. 中国旅游产业关联度测算及宏观经济效应分析——基于 2002 年与
　　2007 年投入产出表视角［J］. 旅游学刊,（3）: 31-37.

刘益. 2006. 基于投入产出模型的旅游卫星账户研究［J］. 暨南学报（哲学社会科学版）,（3）:
　　60-65.

刘益. 2007. 旅游卫星账户（TSA）在旅游统计中的应用［J］. 统计与决策,（2）: 29-31.

刘迎辉. 2010. 陕西省旅游经济效应评价研究［D］. 西北大学博士学位论文.

刘迎辉. 2011. 基于旅游卫星账户的旅游经济效应实证分析——以 2008 年陕西省为例［J］. 生态经济（学术版），34（2）：189-192.

刘迎辉，郝索. 2010. TSA 与 I/O 法评价旅游经济效应的比较研究［J］. 旅游学刊，32（10）：18-22.

龙京红. 2005. 旅游业在河南经济社会发展中的地位和作用分析［J］. 学习论坛，（3）：36-39.

楼嘉军，邱扶东，王晓云. 2005. 旅游业结构调整与和谐发展［M］. 上海：立信会计出版社.

卢江勇，张玉梅，过建春. 2005. 海南旅游经济增长的实证分析［J］. 安徽广播电视大学学报，（2）：39-42.

《旅游产业统计研究》课题组. 2002. 旅游产业统计研究［J］. 浙江统计，24（3）：21-23.

罗明义. 2004. 旅游经济学原理［M］. 上海：复旦大学出版社.

罗明义. 2007. 关于"旅游产业范围和地位"之我见［J］. 旅游学刊，22（10）：5-6.

罗秋菊. 2002. 事件旅游研究初探［J］. 江西社会科学，12（9）：218-219.

马海鹰. 2006. 旅游业在国家扩大内需中的增长空间分析［J］. 旅游调研，（8）：23-28.

毛剑峰. 2005. 我国产业结构分析——基于投入产出法的实证研究［J］. 经济纵横，15（6）：15-17.

孟娜. 2010. 旅游效应两面性之探析［J］. 经济研究导刊，18（8）：162-163.

潘建民. 2003. 中国创建与发展优秀旅游城市研究［M］. 北京：中国旅游出版社.

乔玮. 2006. 用投入产出模型分析旅游对上海经济的影响［J］. 经济地理，26（12）：63-66.

乔正康. 2000. 旅游学概论［M］. 大连：东北财经大学出版社.

任泽平，董超，陈宏. 2006. 凯恩斯乘数模型与投入产出乘数模型的比较研究［J］. 兰州学刊，（6）：118-121.

申葆嘉. 1999. 论旅游学基础理论研究与方法论［J］. 旅游学刊，7（9）：7-12.

申葆嘉. 2003. 关于旅游带动经济发展问题的思考［J］. 旅游学刊，18（6）：21-25.

师守祥. 2007. 旅游产业范围的界定应符合经济学规范［J］. 旅游学刊，46（11）：7-8.

石培华. 2003. 中国旅游业对就业贡献的数量测算与分析［J］. 旅游学刊，18（6）：45-51.

石长波. 2004. 旅游学概论［M］. 哈尔滨：哈尔滨工业大学出版社.

史密斯 S，赵丽霞. 2003. 旅游产业及旅游卫星账户［J］. 中国统计，（7）：3-14.

史密斯 S，赵丽霞. 2004. 探析旅游卫星账户（TSA）的基本思想［J］. 旅游学刊，15（2）：16-21.

宋慧林，韦力. 2007. 我国旅游业经济效应评价研究综述［J］. 徐州教育学院学报，22（4）：38-41.

宋增文. 2007. 基于投入产出模型的中国旅游业产业关联度研究［J］. 旅游科学，21（2）：7-12.

宋振春，陈方英，李瑞芬. 2004. 对旅游业的再认识——兼与张涛先生商榷［J］. 旅游学刊，19（2）：76-79.

宋子千，郑向敏. 2001. 旅游业产业地位衡量指标的若干理论思考［J］. 旅游学刊，17（4）：27-30.

宋子千，廉月娟. 2007. 旅游业及其产业地位再认识［J］. 旅游学刊，22（6）：37-42.

孙钢. 1995. 旅游经济的理论探索和实践［M］. 北京：中国旅游出版社.

孙雪霞. 2008. 旅游产业对桂林经济发展的作用研究［D］. 广西师范大学硕士学位论文.

唐留雄. 2001. 现代旅游产业经济学［M］. 广州：广东旅游出版社.

唐明贵. 2006. 旅游产业关联及其区域整合研究［D］. 贵州师范大学硕士学位论文.

唐松，李镔. 2010. 旅游产业对国民经济波及的分析［J］. 湖湘论坛，23（4）：92-94.

唐伟昌，王民宣，王丽波，等. 2005. 宁波市旅游产业对生产总值贡献的测算［J］. 经济丛刊，21（2）：11-15.

陶志英.2007.广东旅游经济对经济发展的效应研究［D］.暨南大学硕士学位论文.

田里,牟红.2002.旅游经济学［M］.北京:高等教育出版社.

田中禾,魏长江.2001.论甘肃旅游业的地位和发展策略［J］.科学·经济·社会,（3）:16-18.

汪季清.2010.旅游经济学［J］.科技信息,21（3）:7-8.

王晨光.2004.旅游经济学［M］.北京:经济科学出版社.

王洪滨.2004.旅游学概论［M］.北京:中国旅游出版社.

王鸿雁,林彬,陈红,等.2008.俄罗斯旅游发展历史、现状及未来展望［J］.学术交流,33
　（12）:224-228.

王慧敏.2008.旅游产业的新发展观:5C模式［J］.中国工业经济,（6）:12-15.

王晶.2007.福建省旅游业发展与区域经济增长研究［D］.华侨大学硕士学位论文.

王科.2008.基于产业整合理论的区域旅游产业竞争力提升研究［D］.华中师范大学硕士学位
　论文.

王丽,石培基.2007.甘肃省旅游产业关联及产业波及分析［J］.地理与地理信息科学,23（1）:
　68-72.

王良健,袁凤英,何琼峰.2010.基于异质面板模型的我国省际旅游业发展与经济增长研究［J］.
　经济地理,（2）:77-81.

王琳.2005.天津旅游产业对国民经济的影响力和贡献度研究［A］//张晓明,胡惠林,章建刚.
　2005年:中国文化产业发展报告［C］.北京:社会科学文献出版社:325-342.

王守初.2004.试析旅游产业与主导产业［J］.广东经济,（3）:55-58.

王淑良,张天来.1999.中国旅游史（近现代部分）［M］.北京:旅游教育出版社.

王延中.2004.中国的劳动与社会保障问题［M］.北京:经济管理出版社.

王燕,王哲.2008.基于投入产出模型的新疆旅游业产业关联及产业波及分析［J］.干旱区资源
　与环境,22（5）:112-117.

王瑜.2006.旅游业对福建经济发展贡献研究［J］.北京第二外国语学院学报,（3）:7-11.

魏卫,陈雪钧.2006.旅游产业的经济贡献综合评价——以湖北省为例［J］.经济地理,26（2）:
　331-334

魏小安.2003.中国旅游业发展的十大趋势［J］.湖南社会科学,12（6）:91-96.

魏颖.2005.以杭州为例解析旅游产业对区域经济发展的贡献度［J］.中共杭州市委党校学报,
　（5）:9-14.

吴伯磊.2008.旅游经济效应的理论与实证研究［D］.中国社会科学院硕士学位论文.

吴国新.2003.旅游产业发展与我国经济增长的相关性分析［J］.上海应用技术学院学报（自然
　科学版）,19（4）:238-241.

吴逊,杨炳多,米红.2002.北京市旅游卫星帐户2002［J］.统计与信息论坛,21（2）:71-75.

夏正超,谢春山.2007.对旅游产业集群若干基本问题的探讨［J］.桂林旅游高等专科学校学报,
　18（4）:479-483.

向蓉美.2007.投入产出法［M］.重庆:西南财经大学出版社.

肖拥军.2007.基于"NSA93-TSA"框架的区域旅游卫星账户建设研究［J］.统计与决策,23
　（2）:64-66.

谢春山,傅吉新,李飞.2005.旅游业的产业地位辨析［J］.北京第二外国语学院学报,33（3）:
　5-10.

谢术平.2003.新西兰旅游卫星账户的核算内容［J］.山西统计,23（9）:61-62.

谢彦君. 2004. 基础旅游学（第二版）［M］. 北京：中国旅游出版社.

徐晓歌. 1991. 旅游业投入产出分析的目的、方法与实例［J］. 旅游学刊，（3）：54-56.

徐信元. 2008. 上海旅游经济效应实证研究［D］. 上海财经大学硕士学位论文.

鄢慧丽. 2004. 城市游憩商业区的环境和功能——以武汉市江汉路为例［J］. 城市问题，（1）：
　　44-47

鄢慧丽. 2007. 关于洛阳市发展会展旅游的探讨［J］. 现代商贸工业，（12）：100-103

闫敏. 1999. 旅游业与经济发展水平之间的关系［J］. 旅游学刊，（5）：9-15.

杨炳铎，米红，吴逊. 2006. 北京市旅游卫星账户 2002［J］. 统计与信息论坛，21（2）：71-76.

杨公朴，夏大慰. 2001. 产业经济学教程［M］. 上海：上海财经大学出版社.

杨俊情，王晶. 2011. 基于投入产出表对河南省旅游经济效应的分析［J］. 河南工业大学学报（社
　　会科学版），7（3）：56-60.

杨洋. 2011. 探讨如何提高旅游经济在国民经济中的比重［J］. 中国商贸，17（3）：181-182.

杨勇. 2007. 旅游业对经济发展的作用分析：以安徽为例［J］. 生产力研究，（4）：97-99.

杨韵新，胡鞍钢，程永宏. 2002. 扩大就业与挑战失业［M］. 北京：中国劳动社会保障出版社.

杨仲山，屈超. 2007. 从方法论角度看旅游卫星账户 TSA（2001）的方法属性［J］. 财经问题
　　研究，（11）：92-97.

么娆. 2008. 对目前我国旅游卫星账户存在的问题及对策分析［J］. 科技经济市场，（4）：86-87.

依绍华. 2005. 旅游业的就业效应分析［J］. 财贸经济，（5）：89-91.

于庆年. 2002. 丹东市区旅游产业调查与投入产出分析［J］. 系统工程理论与实践，（11）：138-143.

余典范，干春晖，郑若谷. 2011. 中国产业结构的关联特征分析——基于投入产出结构分解技术
　　的实证研究［J］. 中国工业经济，2011，20（11）：12-15.

袁绍斌. 2003. 河南旅游业经济效应分析及对策研究［J］. 经济经纬，（6）：113-116.

曾博伟. 2011-10-09. 中国与世界旅游强国的比较研究. http://www.cnta.com/news-detail/newsshow.
　　aspid=A2006 6221 125484-114861.

张德红，王朗玲. 2005. 旅游产业地位的演进与 TSA 的理论贡献［J］. 统计与决策，24（11）：
　　4-6.

张帆，王雷震，李春，等. 2003. 旅游对区域经济发展贡献度研究——以秦皇岛为例［J］. 城市，
　　（5）：17-20.

张广海，马永健. 2005. 国内外旅游卫星账户（TSA）研究比较及启示［J］. 统计与咨询，（6）：
　　44-45.

张广瑞. 1996. 旅游真是产业吗？［J］. 旅游学刊，22（1）：68-70.

张华初，李永杰. 2007. 中国旅游业产业关联的定量分析［J］. 旅游学刊，22（4）：15-19.

张建融. 2005. 客源国概况［M］. 北京：北京大学出版社.

张静. 2006. 旅游业对目的地经济影响研究［D］. 四川师范大学硕士学位论文.

张岚. 2011. 我国东中西部旅游经济效应比较研究［J］. 辽宁经济管理干部学院学报，（2）：4-5.

张立生. 2002. 河南旅游业经济效应分析［D］. 河南大学硕士学位论文.

张立生. 2005. 旅游业部门结构演进规律及演进模式［J］. 经济经纬，15（2）：120-123.

张凌云. 2000. 试论有关旅游产业在地区经济发展中地位和产业政策的几个问题［J］. 旅游学刊，
　　20（1）：10-14.

张陆，徐刚，夏文汇，等. 2001. 旅游产业内部的行业层次结构问题研究——兼论旅游产业和旅
　　游业的内涵及外延［J］. 重庆工学院学报，14（6）：21-24.

张淼. 2008. 辽宁省旅游经济影响力及地区差异分析 [D]. 辽宁师范大学硕士学位论文.

张其仔, 郭朝先, 白玫. 2009. 协调保增长与转变经济增长方式矛盾的政策研究 [J]. 中国工业
　　经济学, (3): 46-58.

张涛. 2003. 旅游业内部支柱性行业构成辨析 [J]. 旅游学刊, 12 (4): 24-29.

张伟, 周秉根. 2008. 基于灰色理论的旅游业与国民经济关联性分析 [J]. 国土资源科技管理,
　　(2): 117-120.

张卫, 伊娜. 2006. 区域旅游卫星账户编制方法简介 [J]. 浙江统计, (11): 16-17.

张文建, 阚延磊. 2003. 上海市旅游产业关联和产业波及分析 [J]. 社会科学, (8): 21-27.

张文咏, 龚花萍, 叶索萍. 2007. 江西省旅游业对经济影响的实证分析 [J]. 科技广场, (2):
　　29-30.

张滢. 2006. 旅游经济效应的理论与实证研究 [D]. 新疆大学博士学位论文.

章杰宽, 姬梅. 2011. 基于投入产出表的旅游产品价格模型研究——以陕西省为例 [J]. 四川师
　　范大学学报 (社会科学版), (1): 86-92.

赵放, 刘秉镰. 2011. 一种基于RPC的区域间投入产出模型及其实证研究 [J]. 系统工程, 43
　　(11): 55-62.

赵丽霞. 2001. 创建我国国家旅游卫星账户初探 [J]. 厦门大学学报 (哲学社会科学版), (4):
　　32-37.

赵丽霞. 2005. 旅游卫星账户 (TSA) 的发展特点及其对我国的启示——兼论我国国民核算知识
　　的普及教育问题 [J]. 统计教育, (7): 44-46.

赵丽霞. 2006. 我国经济行业分类对编制旅游卫星账户 (TSA) 的影响研究 [J]. 旅游科学, (2):
　　35-39.

赵丽霞, 任佳燕, 蒋正鸣. 2001. 进入旅游卫星账户 (TSA) 的新里程 [J]. 旅游学刊, 19 (6):
　　75-79.

中华人民共和国国家旅游局. 2008a. 入境游客抽样调查资料2008 [M]. 北京: 中国旅游出版社.

中华人民共和国国家旅游局. 2008b. 中国国内旅游抽样调查资料2008 [M]. 北京: 中国旅游出
　　版社.

中华人民共和国国家旅游局. 2011. 2011中国旅游统计年鉴 [M]. 北京: 中国旅游出版社.

中华人民共和国国家统计局. 2011. 中国统计年鉴2011 [Z]. 北京: 中国统计出版社.

中华人民共和国国家统计局国民经济核算司. 2006. 2002年中国投入产出表 [M]. 北京: 中国
　　统计出版社.

中华人民共和国国家统计局国民经济核算司. 2009. 2007年中国投入产出表 [M]. 北京: 中国
　　统计出版社.

中山大学旅游发展与规划研究中心湖北省旅游局. 2003. 湖北省旅游发展总体规划 (2001—2020
　　年) [M]. 北京: 中国旅游出版社.

钟冲. 2009. 中国旅游产业政策的演变趋势与展望 [J]. 长沙铁道学院学报 (社会科学版), 10
　　(1): 139-141.

周文丽. 2011. 基于投入产出模型的旅游消费对经济增长的动态影响研究 [J]. 地域研究与开发,
　　29 (3): 79-83.

朱新芝. 2009. 旅游业对地区国民经济贡献率测度研究——以北京和浙江为例 [D]. 北京第二
　　外国语学院硕士学位论文.

朱玉槐, 刘伟. 1999. 旅游学 [M]. 广州: 广东旅游出版社.

庄军. 2005. 论旅游产业集群的系统架构 [J]. 桂林旅游高等专科学校学报, 16 (4): 11-16.

邹春洋, 单纬东. 2005. 旅游学教程 [M]. 广州: 华南大学出版社.

左冰. 2000. 旅游的经济效应分析 [D]. 云南大学硕士学位论文.

左冰. 2002. 中国旅游产出乘数及就业乘数的初步测算 [J]. 云南财贸学院学报, 18 (6): 30-34.

左冰. 2011. 中国旅游经济增长因素及其贡献度分析 [J]. 商业经济与管理, 18 (10): 82-90.

Adams P D, Parmenter B R. 1995. An applied general equilibrium analysis of the economic effects of tourism in a quite small, quite open economy [J]. Applied Economics, 27 (10): 985-994.

Alavalapati J R R, Adamowicz W L. 2000. Tourism impact modeling for resource extraction regions [J]. Annals of Tourism Research, 27 (1): 188-202.

Archer B H. 1976. The anatomy of a multiplier [J]. Regional studies, 10 (1): 71-77.

Archer B H. 1978. Domestic tourism as a development factor [J]. Annals of Tourism Research, 5 (1): 126-141.

Archer B H. 1980. Forecasting demand: quantitative and intuitive techniques [J]. International Journal of Tourism Management, 1 (1): 5-12.

Archer B H. 1982. The value of multipliers and their policy implications [J]. Tourism Management, 3 (4): 236-241.

Archer B H, Owen C B. 1971. Towards a tourist regional multiplier [J]. Regional studies, 5 (4): 289-294.

Archer B H, Owen C B. 1972. Towards a tourist regional multiplier [J]. Journal of Travel Research, 11 (2): 9-13.

Archer B H, Fletcher J. 1996. The economic impact of tourism in the Seychelles [J]. Annals of Tourism Research, 23 (1): 32-47.

Belau D. 2003. Tourism employment in the Asia-Pacific region 2003 [R]. International Labor Organization Sectoral Activities Department, Tripartite Regional Meeting on Employment in the Tourism Industry for Asia and the Pacific, Bangkok.

Bergstrom J C, Cordell H K, Watson A E, et al. 1990. Economic impacts of state parks on state economies in the South [J]. Southern Journal of Agricultural Economics, 22 (2): 69-77.

Blake A, Durbarry R, Eugenio-Martin J L, et al. 2006a. Integrating forecasting and CGE models: The case of tourism in Scotland [J]. Tourism Management, 27 (2): 292-305.

Blake A, Sinclair M T, Soria J A C. 2006b. Tourism productivity: evidence from the United Kingdom [J]. Annals of Tourism Research, 33 (4): 1099-1120.

Boynton L L. 1986. The effect of tourism on Amish quilting design [J]. Annals of tourism research, 13 (3): 451-465.

Briassoulis H. 1991. Methodological issues: tourism input-output analysis [J]. Annals of Tourism Research, 18 (3): 485-495.

Crompton J L. 1995. Economic impact analysis of sports facilities and events: eleven sources of misapplication [J]. Journal of Sport Management, 9 (1): 14-35.

Crouch G I. 1992. Effect of income and price on international tourism [J]. Annals of Tourism Research, 19 (4): 643-664.

Daniels M J. 2004. Beyond input-output analysis: using occupation-based modeling to estimate wages generated by a sport tourism event [J]. Journal of travel research, 43 (1): 75-82.

Daniels M J, Norman W C, Henry M S. 2004. Estimating income effects of a sport tourism event [J]. Annals of Tourism Research, 31 (1): 180-199.

Dann G. 1977. Anomie, ego-enhancement and tourism [J]. Annals of tourism research, 4 (4): 184-194.

Davidson T L. 2005. What are travel and tourism: are they really an industry?[J]. Digitally signed by Team, 12 (3): 25.

Deccio C, Baloglu S. 2002. Nonhost community resident reactions to the 2002 Winter Olympics: the spillover impacts [J]. Journal of Travel Research, 41 (1): 46-56.

Division U N S. 2001. Tourism Satellite Account: Recommended Methodological Framework [M]. Paris: Publications de OCDE.

Dwyer L, Forsyth P. 1998. Economic significance of cruise tourism[J]. Annals of Tourism Research, 25 (2): 393-415.

Felsenstein D, Freeman D. 2001. Estimating the impacts of crossborder competition: the case of gambling in Israel and Egypt [J]. Tourism Management, 22 (5): 511-521.

Fletcher J E. 1989. Input-output analysis and tourism impact studies [J]. Annals of Tourism Research, 16 (4): 514-529.

Frechtling D C. 1999. The tourism satellite account: foundations, progress and issues [J]. Tourism Management, 20 (1): 163-170.

Frechtling D C, Horvath E. 1999. Estimating the multiplier effects of tourism expenditures on a local economy through a regional input-output model [J]. Journal of Travel Research, 37 (4): 324.

Huse M, Gustavsen T, Almedal S. 1998. Tourism impact comparisons among Norwegian towns[J]. Annals of Tourism Research, 25 (3): 721-738.

Israeli A A, Mehrez A. 2000. From illegal gambling to legal gaming: Casinos in Israel [J]. Tourism Management, 21 (3): 281-291.

Johnson R L. 1989. The economic impact of tourism sales [J]. Journal of leisure Research, 21 (2): 140-154.

Jones C, Munday M. 2004. Evaluating the economic benefits from tourism spending through Input-Output frameworks: issues and cases [J]. Local Economy, 19 (2): 117-133.

Kahn R. F. 1931. The relation of home investment to unemployment [J]. The Economic Journal, 41 (162): 173-198.

Keynes J M. 2009. The General Theory of Employment, Internet and Money [M]. Thousand Oask: BN Publishing.

Kim H J, Gursoy D, Lee S B. 2006. The impact of the 2002 World Cup on South Korea: comparisons of pre-and post-games [J]. Tourism Management, 27 (1): 86-96.

Kim S S, Chon K, Chung K Y. 2003. Convention industry in South Korea: an economic impact analysis [J]. Tourism Management, 24 (5): 533-541.

Lee C K, Taylor T. 2005. Critical reflections on the economic impact assessment of a mega-event: the case of 2002 FIFA World Cup [J]. Tourism Management, 26 (4): 595-603.

Leiper N. 1979. The framework of tourism: towards a definition of tourism, tourist, and the tourist industry [J]. Annals of Tourism Research, 6 (4): 390-407.

Leontief W. 1936. Quantitative input and output relations in the economic systems of the United States [J]. The Review of Economics and Statistics, 18 (3): 105-125.

Leontief W. 1987. Input-output analysis [J]. The New Palgrave: A Dictionary of Economics, (2): 860-864.

Lundberg D E. 1980. The Tourist Business [M]. Boston: CBI Publishing Inc.

Mbaiwa J E. 2003. The socio-economic and environmental impacts of tourism development on the Okavango Delta, North-Western Botswana[J]. Journal of Arid Environments, 54(2): 447-467.

Milman A, Pizam A. 1988. Social impacts of tourism on central Florida [J]. Annals of Tourism Research, 15 (2): 191-204.

Neal J D, Sirgy M J, Uysal M. 2004. Measuring the effect of tourism services on travelers' quality of life: further validation [J]. Social indicators research, 69 (3): 243-277.

Neal J D, Uysal M, Sirgy M J. 2007. The effect of tourism services on travelers' quality of life [J]. Journal of Travel Research, 46 (2): 154.

Niceforo A. 1924. Die italienische Handelsbilanz und die ausländischen "touristen" in Italien [J]. Weltwirtschaftliches Archiv, 20 (1): 483-492.

Oh C O. 2005. The contribution of tourism development to economic growth in the Korean economy [J]. Tourism Management, 26 (1): 39-44.

Parlett G, Fletcher J, Cooper C. 1995. The impact of tourism on the Old Town of Edinburgh [J]. Tourism Management, 16 (5): 355-360.

Pigou A C. 1929. The monetary theory of the trade cycle [J]. The Economic Journal, 39 (154): 183-194.

Ruiz A L. 1985. Tourism and the economy of Puerto Rico: an input-output approach [J]. Tourism Management, 6 (1): 61-65.

Sadler P G, Archer B H. 1975. The economic impact of tourism in developing countries [J]. Annals of Tourism Research, 3 (1): 15-32.

Sharma A, Olsen M D. 2005. Tourism satellite accounts: implementation in Tanzania [J]. Annals of Tourism Research, 32 (2): 367-385.

Smith S L J. 2000. Measurement of tourism's econmic impact[J]. Annals of Tourirm Research, 4(3): 530-553.

Spurr R. 2006. Tourism satellite accounts[J]. International Handbook on the Economics of Tourism, (13): 283.

Strang W A. 1970. Recreation and the local economy: an input-output model of a recreation-oriented economy [J]. University of Wisconsin, (7): 322-411.

Strauss C H, Lord B E. 2001. Economic impacts of a heritage tourism system[J]. Journal of Retailing and Consumer Services, 8 (4): 199-204.

Teillet P. 1988. A concept of satellite account in the revised SNA [J]. Review of Income and Wealth, 34 (4): 411-439.

Var T, Quayson J. 1985. The multiplier impact of tourism in the Okanagan [J]. Annals of Tourism Research, 12 (4): 497-514.

Wagner J E. 1997. Estimating the economic impacts of tourism [J]. Annals of Tourism Research, 24 (3): 592-608.

Walpole M J, Goodwin H J, Ward K G R. 2001. Pricing policy for tourism in protected areas: lessons from Komodo National Park, Indonesia [J]. Conservation Biology, 15 (1): 218-227.

Wanhill S R C. 1983. Measuring the economic impact of tourism [J]. Service Industries Journal, 3 (1): 9-20.

Westover T N.1987. Tourism: a community approach [J]. Landscape Journal, 6 (2): 165-166.

Zhang J, Madsen B, Jensen-Butler C. 2007. Regional economic impacts of tourism: the case of Denmark [J]. Regional Studies, 41 (6): 839-854.

Zhou D, Yanagida J F, Chakravorty U, et al. 1997. Estimating economic impacts from tourism [J]. Annals of Tourism Research, 24 (1): 76-89.